U0741856

品牌管理

品牌打造与影响力升级

渠 成　马小婷——— 著

中国铁道出版社有限公司

CHINA RAILWAY PUBLISHING HOUSE CO., LTD.

图书在版编目(CIP)数据

品牌管理:品牌打造与影响力升级/渠成,马小婷著. —北京:中国
铁道出版社有限公司,2022.8
ISBN 978-7-113-29095-5

Ⅰ.①品… Ⅱ.①渠…②马… Ⅲ.①品牌-企业管理 Ⅳ.①F273.2

中国版本图书馆 CIP 数据核字(2022)第 071380 号

书　　名：品牌管理：品牌打造与影响力升级
　　　　　PINPAI GUANLI：PINPAI DAZAO YU YINGXIANGLI SHENGJI
作　　者：渠　成　马小婷

责任编辑：马慧君　　　编辑部电话：(010) 51873005　　　电子邮箱：zzmhj1030@163.com
封面设计：刘　莎
责任校对：安海燕
责任印制：赵星辰

出版发行：中国铁道出版社有限公司 (100054，北京市西城区右安门西街 8 号)
网　　址：http://www.tdpress.com
印　　刷：三河市宏盛印务有限公司
版　　次：2022 年 8 月第 1 版　2022 年 8 月第 1 次印刷
开　　本：710 mm×1 000 mm 1/16　印张：13.25　字数：170 千
书　　号：ISBN 978-7-113-29095-5
定　　价：59.00 元

版权所有　侵权必究

凡购买铁道版图书，如有印制质量问题，请与本社读者服务部联系调换。电话：(010) 51873174
打击盗版举报电话：(010) 63549461

前　言

如今，在消费不断升级的趋势下，新生代消费者的消费理念发生了巨大变化——从追求功能性需求转化为追求多样化需求；从热衷大品牌转化为关注个性化小众品牌；从重视外在满足感转化为重视产品质量和文化内涵。消费需求的升级也印证了新消费时代的到来。

身处新消费时代的企业，都应该抓住发展的潮流，坚持以消费者为中心，打造基于利益关系的商业模式，重构产品设计流程，创新定位、渠道、营销、市场细分等环节，让自己与消费者更近距离接触。与此同时，企业也需要定位竞争策略，挖掘和满足消费者的个性化需求，在市场上为自己创造竞争力，不断提升自己的知名度和影响力。

毋庸置疑，品牌是驱动消费者认同，甚至是让消费者"迷恋"一个企业的关键力量。对于企业来说，无论是发展初期在消费者心中建立认知，还是发展后期推动销售业绩的增长，品牌都起着非常重要的作用。因此，品牌管理是一场瞄准未来的投资，贯穿企业发展的始终，是让产品常销、畅销、高价值销售的关键保证。

在这样的形势下，本书应运而生，它融合笔者的知识储备与实践经验，比较完整地涵盖了品牌管理的内容。

本书具有以下三大特点：

第一，内容全面、详略得当。本书围绕新消费时代的品牌管理，重点论述相关的方法和技巧，内容以干货为主，对没有参考价值的部分不过多赘述。在本书中，笔者通过自身感悟从各方面、各角度为读者详细阐述了品牌管理的真谛。

第二，实用性强，有借鉴意义。本书提供了很多有借鉴意义的经典案例，以便读者用最短的时间掌握品牌管理的核心要点，具有很强的实用性。在案例的选择上，本书也兼顾了代表性和前瞻性，可以让读者耳目一新，引发更深刻的思考。

第三，条理清晰，可读性强。笔者在写作过程中本着由浅入深、深入浅出的原则展开叙述，条理清晰，读者理解更轻松。在文字方面，本书以独特的行文风格与生动形象的语言向读者介绍新消费时代的品牌管理策略，有很强的可读性。

正所谓"读万卷书不如行万里路，行万里路不如阅人无数，阅人无数不如名师指路"，读者可以通过阅读本书领略到新消费时代的魅力，从而更好地进行品牌管理。对于企业家、创业者、品牌管理人员、营销者和对品牌管理感兴趣的人来说，本书既是一本非常优秀的枕边工具书，也是一本不可或缺的能力提升秘籍。

笔者希望读者阅读本书后，能够对新消费时代的品牌管理有更清晰的了解。同时，笔者也希望本书为有品牌管理需求的企业"点亮一盏灯"，使本书成为这些企业的"启明星"，帮助这些企业制定更好的品牌策略，使企业成为行业的佼佼者。

本书写作过程中得到了来自行业专家的宝贵意见和亲人朋友的帮助支持，在此，谨向各位表示诚挚的感谢。

本书若有不足与错漏之处，欢迎各位读者批评指正。

目　　录

运营篇　如何做品牌营销

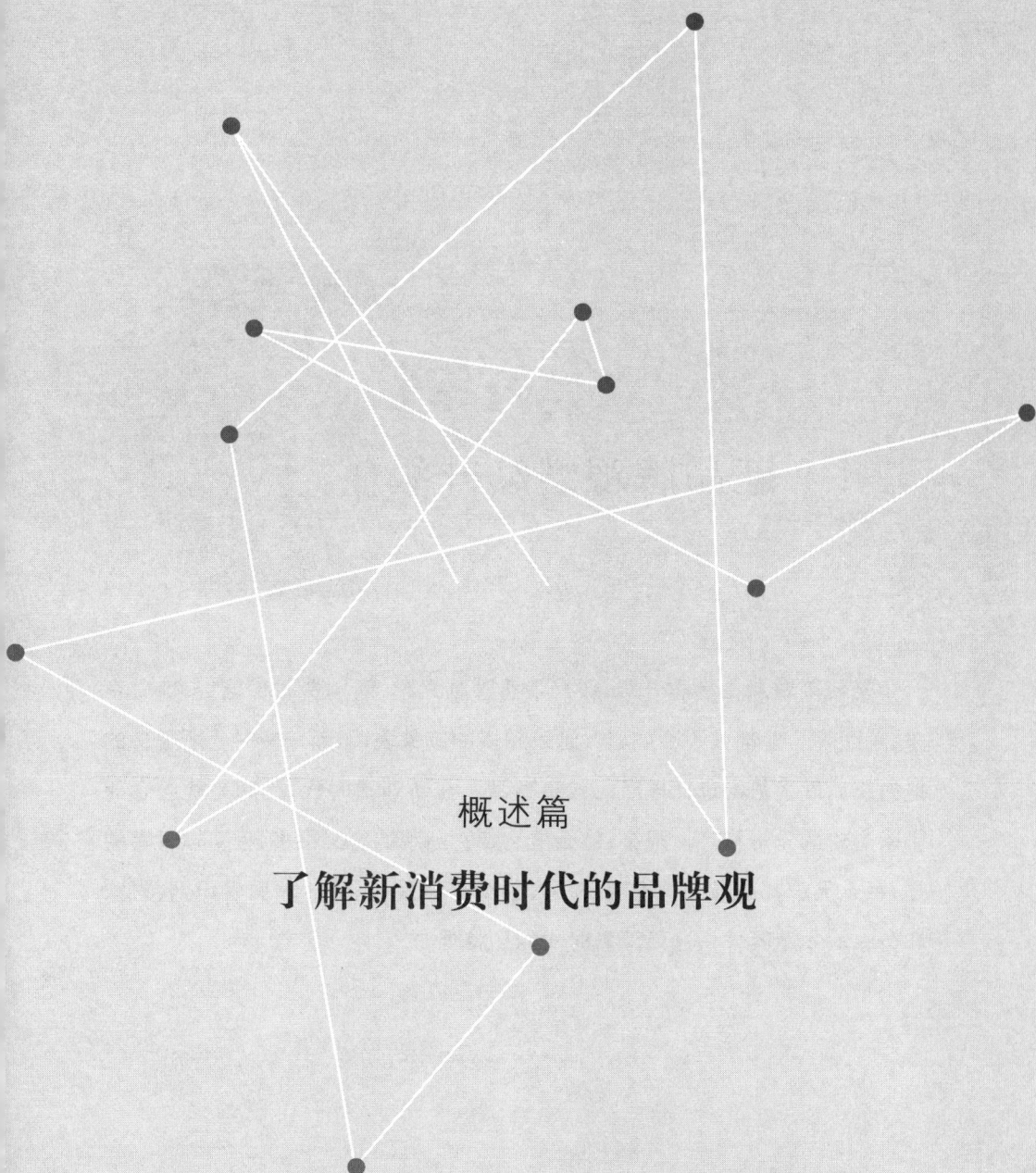

概述篇

了解新消费时代的品牌观

第 1 章
新品牌观继续升级

　　随着传统消费提质升级,新兴消费蓬勃兴起,新消费时代已经来临,京东、美团等企业都在不断加码。越来越多的迹象表明,新消费时代所蕴含的能力及后发优势都远比电商时代更猛烈。在新消费时代,品牌是能给企业带来溢价的无形资产。那么,什么是品牌?品牌的含义很多,但可以肯定的是,每个品牌都有核心价值观、符号、故事等要素,以便让消费者识别、喜欢和分享。本章具体讲述新消费时代的品牌观。

1.1　你真的了解新消费时代吗

消费个性化、产品社交化、精品电商、自媒体运营等商业业态的崛起，标志着新消费时代的到来。那么，何为新消费？新消费主要是指以消费者为核心，以为消费者解决问题为目的，以满足消费者的需求为宗旨，重构消费者与企业之间关系的新型消费。针对成长在技术时代的消费者，很多新消费品牌如雨后春笋般涌现，如泡泡玛特、喜茶、王饱饱等。

随着技术的不断升级与进步，支付手段、营销策略、渠道、终端等都在发生变化，消费者的心态也与之前有很大不同。内容"种草"、直播带货等新玩法层出不穷，极大地推动了消费者对产品质量及购物体验的追求。在新消费时代，谁可以在产品和体验上取胜，谁就能吸引更多消费者，进而在激烈的市场竞争中获得持续发展的立足点。

与此同时，新消费时代的到来也让一批没有跟上发展潮流的企业被淘汰，甚至一些新型企业也没有逃脱这样的命运。为了避免发生这种情况，企业应该积极转型升级，为品牌融入更多技术元素，让企业朝着智能化、数字化、自动化的方向发展。

目前，通过技术创新经营模式似乎已经成为整个行业的共识。在新消费时代，无论是产品研发能力的提高，还是购物体验的优化，都离不开技术的支持。这一点可以从以下几个方面进行详细说明，如图 1-1 所示。

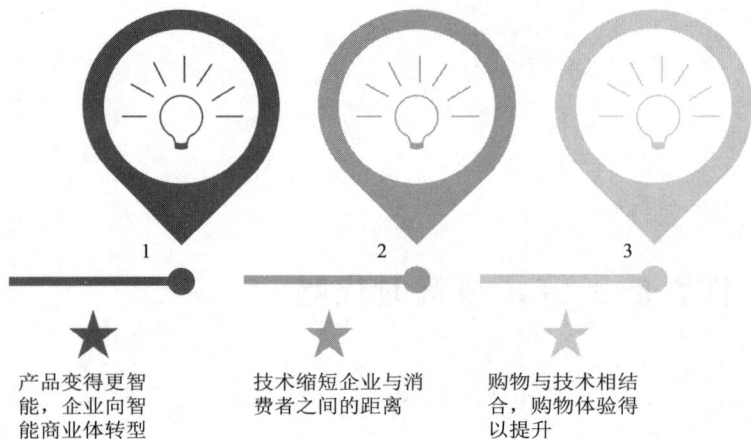

产品变得更智能，企业向智能商业体转型

技术缩短企业与消费者之间的距离

购物与技术相结合，购物体验得以提升

图 1-1　技术为企业提供支持

1. 产品变得更智能，企业向智能商业体转型

刘强东曾说："时代在发生快速、剧烈的变化，未来 10 年，技术进步的速度将超过过去 100 年。在以人工智能为代表的第四次商业革命来临之际，京东集团将坚定地朝着技术创新进行转型。"此外，刘强东还指出，在未来十几年内，要让京东变成"包括智能商业、智能金融、智能保险业务在内的全球领先的智能商业体"。的确，在技术迅猛发展的今天，每个企业都应该也都有义务引进技术，只有这样，才可以跟上潮流，不被时代抛弃。

2. 技术缩短企业与消费者之间的距离

现在，包括 VR（Virtual Reality，虚拟现实技术）、人工智能、5G 等在内的技术得到越来越普遍的应用。例如，深受服装企业和消费者喜爱的 VR 试衣镜是在人体测量建模系统的支持下顺利运行的，消费者只要在试衣镜前停留 3～5 秒，系统就可以建出一个人体 3D 模型，并获取详细且精准的身材数据，这些数据会被同步到云 3D 服装定制系统。这样企业不仅可以为消费者提供虚拟试衣服务，还可以根据消费者的身材数据为其进行远程服装定制,极大缩短了消费者与企业之间的距离。

3. 购物与技术相结合,购物体验得以提升

在美国,一些线下门店面临着倒闭的风险,在这种情况下,亚马逊用无人超市 Amazon Go 实现了逆袭。Amazon Go 的免结账消费场景是在无人驾驶汽车的启发下设计出的,二者使用了多项同类技术,如传感器、计算机视觉、人工智能、物联网等。

在这项名为"Just Walk Out"技术的助力,无论消费者是从货架取产品,还是将产品放回货架,都可以被监测到,就连虚拟购物车中的产品都可以被追踪到。在这种情况下,消费者只要完成了购物,就可以直接离开。

此外,消费者不仅能通过亚马逊账号自动结账,还能获得电子发票,这种全新的消费方式使消费者的购买欲望得到了极大提升。

随着相关技术的不断升级,除了"虚拟超市""无人超市"获得迅猛发展以外,无人仓、无人机等新兴技术产品也已经投入使用,这些都是企业走向新消费时代的强大推动力。未来的商界竞争是多维度、多角度的,企业要顺应发展潮流,抓住自身优势不断向前,才能更好地理解和融入新消费时代,感受其中的独特魅力。

1.2　新品牌观:先品类,后品牌

很多用户在购买产品时的逻辑是先品类,后品牌。当消费者想要购买可乐时,可能很自然地想到可口可乐;而想要购买功能性饮料时,红牛会成

为第一联想品牌。这也从侧面反映出，一个深入消费者内心的品牌往往可以代表一种品类，成为品类的代名词。因此，品牌要制定合理的品类策略，具体可以从以下三个方面着手，如图 1-2 所示。

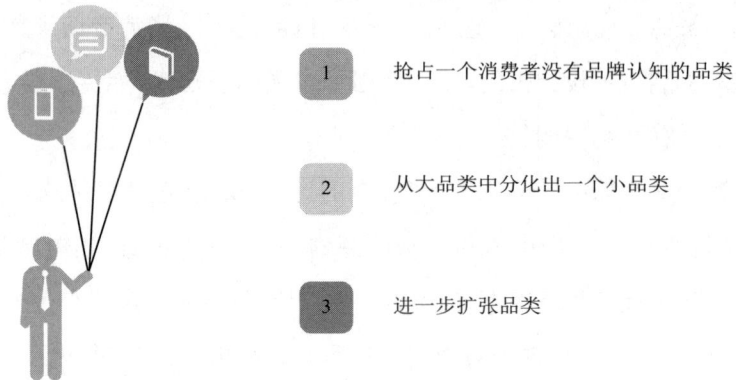

1	抢占一个消费者没有品牌认知的品类
2	从大品类中分化出一个小品类
3	进一步扩张品类

图 1-2　制定品类策略的方法

1. 抢占一个消费者没有品牌认知的品类

有时，消费者可能会对某个品类有很强烈的认知，但这个品类中没有领导品牌。例如，圆珠笔是一个人们比较熟悉的品类，但人们不容易想到圆珠笔的领导品牌。因此，如果我们抢占这样一个品类，那就很可能成为"品类杀手"。

无印良品是一个以销售日用品为主营业务的品牌，始终秉持纯朴、简洁、环保、以人为本的理念。在日文中，无印良品的意思是"无品牌标志的好产品"，但现实中，无印良品已经成为一个非常知名的大品牌。

其实无印良品没有创造任何品类，其所销售的圆珠笔、铅笔、笔记本、便笺、橡皮等都是很早之前就已经存在的品类。该品牌可以发展到今天，最主要的原因就是，抢占了一个消费者没有品牌认知的品类，并为这些品类贴上了自己的标签，从而顺利进入消费者的内心，获得了消费者的认可和支持。

试想，keep 为什么出售跑步机，而不出售运动手环？一个非常重要的原因是小米手环、Apple Watch 等智能手环已经占据了消费者的内心，没有为 keep 留下足够的发展空间。然而，在跑步机领域，当时没有一个无法替代的领导品牌，这便是 keep 入局的绝佳机会。

2. 从大品类中分化出一个小品类

领导品牌为了应对其他品牌的挑战，往往会把某一品类牢牢控制住。在这种情况下，挑战品牌从大品类中分化出一个小品类，不失为一种有效的方法。例如，饮料是一个大品类，从中分化出植物性饮料这个小品类，就可以作为初创品牌进入市场的品类策略。再如，从植物性饮料中继续分化出核桃蛋白饮料，则是更细化的品类策略。

相关数据显示，"90 后"年轻消费者的皮肤过敏率非常高，以女性消费者为例，20 ～ 25 岁的过敏率达到 42.21％，25 ～ 30 岁的过敏率达到 30.18％。所以，作为护肤品中的一个小品类，过敏修复品的出现进一步挖掘了市场的潜在需求。基于此，名臣健康瞄准了这个前景广阔的市场，打造出一款针对易过敏消费者的新产品，获得了不错的发展，如图 1-3 所示。

这样的案例其实还有很多，例如，丸美凭借眼霜产品成为中国眼霜领导品牌、玛丽黛佳的睫毛膏成就现在的"新艺术彩妆"。最早把握住品类缺口的品牌很容易进入消费者的内心，而分化品类的出现则为初创品牌提供新的突围机会。

3. 进一步扩张品类

如果某个品牌牢牢控制住一个品类，成为名副其实的"品类杀手"，但获得的盈利难以维持企业的正常运转，这时应对品类进一步扩张。

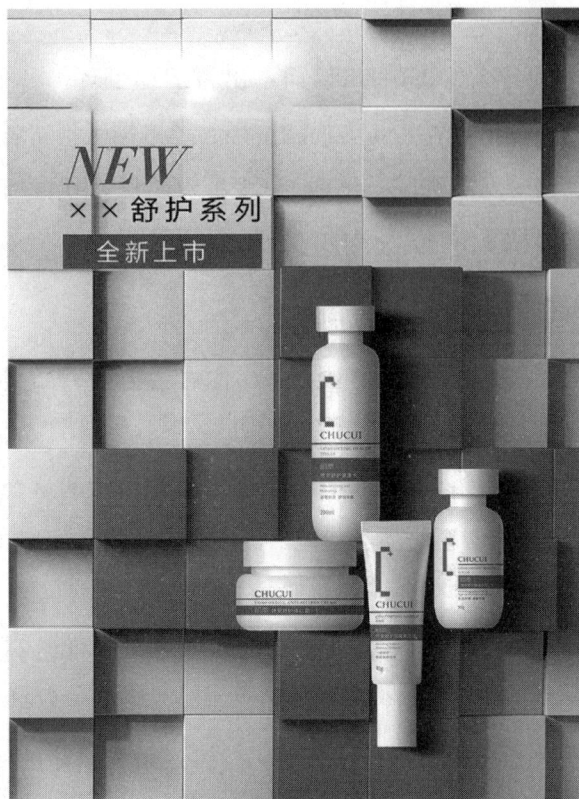

图 1-3 ××健康打造针对易过敏人群的新产品

在抗过敏牙膏这一品类中，冷酸灵无疑拥有非常稳固的地位，但即使如此，其销售额一直在 2 亿元左右浮动。实际上，冷酸灵的问题不是出在品牌上，而是出在品类上。对于冷酸灵而言，扩张品类是首先要做的一件事。

"抗过敏"是一个专业性比较强的词汇，大多数消费者都不知道牙齿过敏的症状是什么，也不知道应该在什么时候使用抗过敏牙膏。因此，作为一个领导品牌，冷酸灵应该承担起"教育"市场的责任，这样才可以在推广品类的同时获得更丰厚的盈利。

在最开始时，京东依靠销售 3C 数码产品起家，随后又继续扩张品类，与淘宝展开了一系列竞争。试想,如果京东一直都只销售 3C 数码产品,还能发展到今天这样的地位,有如此巨大的影响力吗?

品牌在对品类进行扩张时一定要清楚,什么是正确的做法,什么是错误的做法。毋庸置疑,正确的做法是先聚焦品类,让品牌顺利进入消费者的内心,再开展品类扩张工作。那么,什么是错误的做法呢?就是在消费者还没有对品牌形成认知时,就一味地扩张品类,最终对营销效率产生影响。

在美国,每一个城镇都会有一个咖啡店,这些咖啡店销售早餐、午餐、晚餐、松饼、热狗等应有尽有。然而,霍华德·舒尔茨开了一家与众不同的咖啡店,平时只销售咖啡,造就了如今驰名全世界的星巴克。

当然,随着时间的推移,星巴克也推出了蛋糕、面包,甚至销售杯子,但不得不承认,这是建立在品牌已经深入消费者内心的基础上的。星巴克采取了正确的做法——先聚焦,再扩张。

试想,如果星巴克也跟其他咖啡店一样销售各种各样的产品,没有自己的特色,还能有现在的知名度和影响力吗?答案不言而喻。实际上,在大量的同质化竞争中,盲目扩张品类不仅不能产生良好的效果,还不利于形成品牌特色。

"定位之父"艾·里斯说:"绝大多数企业想要的是什么?它们想要增长,要扩张。但是当你通过产品线延伸而扩张时,你就有可能稀释你的代表性。这种做法行不通的原因在于你必须要在人们心智中赢得胜利,而要在心智中赢得胜利,就需要一个狭窄的概念。"

如今,有些企业执着于销售量的增长和品类的扩张,但是在品类策略的价值体系中,这没有太大的意义。因为只有先让自己的品牌"在用户心智中赢得胜利",才是认知爆裂,才是实现品牌大范围传播的至高原则。

1.3　挖掘独特之处，抢占头部位置

这是一个不缺人才，也不缺品牌的时代，而且现在有各种同类产品供消费者选择。因此，企业要想形成品牌竞争力，就要找到差异点，大胆地挑战行业领导者。那么，企业应该如何找到适合自己的差异点呢？方法如图 1-4 所示。

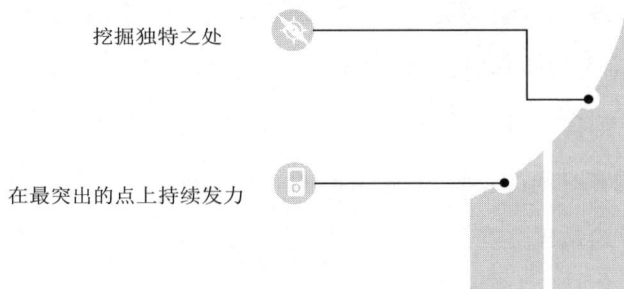

图 1-4　找到适合自己的差异点

当企业想要成为某个领域的领军者时，会发现这个领域的首要位置早就被其他企业占据。此时企业要做的不是超越它，而是找到彼此的差异和自己的独特之处，在自己最鲜明、最突出的优势方面持续发力。

就像在职场中获得更多收益的，可能不是能力最强，也不是工作最努力的人，而是可以把自己的强项发挥到极致、能充分发挥自身优势的人。这种人身上往往有一个隐性标签，大家总能在特定的情境中想起他，而他也可以在工作中获得更多的发展机会。

处处有机会，也就代表着处处有竞争。打造品牌需要找到正确的方法，与竞争对手区分开，通过突出独特的差异点和企业在该领域的巨大优势，实现品牌差异化。当资源丰富时，选择能力远比执行能力更重要。在这个时

代,企业需要挖掘"更少但更好"的差异点。

品牌差异化的目的是将独特之处转化为品牌的优势,以满足消费者的个性化需求。成功的品牌都有一个区别于竞争对手的独特之处,能够在消费者的头脑里形成品牌定位,确保品牌价值最大化。假设你现在想开一家咖啡店,目标是在星巴克和蓝山咖啡已取得绝对优势的市场中开辟一块属于自己的领地,你需要怎么做? 绿山咖啡给出一个很好的思路,如图 1-5 所示。

图 1-5　绿山咖啡

有些人可能认为绿山咖啡与星巴克无法相提并论,甚至很多人都没有听过这个咖啡品牌。但事实上这个咖啡品牌的股价一度超过星巴克。绿山咖啡有一项专利——K 杯,它是一个外表像纸杯的容器,里面有一个只能渗透液体的纸杯状渗透装置,上面有铝箔盖封口,以保证咖啡的香味不会散发。

消费者只需要将 K 杯置入配套的克里格咖啡机,按一下按钮,加压注水管就会穿破铝箔盖进入滤杯中,注入热水。咖啡机会精确控制水量、水温和压力,以保证咖啡香味最大化,能方便快捷地煮出口感香醇的咖啡。不用磨咖啡豆、称量、清洗、把控材料的量,把 K 杯放在咖啡机里,一分钟就能得到一杯香喷喷的咖啡,而价格也只有星巴克的十分之一。

美国东北地区数以千计的办公室里都配备了绿山咖啡的产品,这样有利于避免员工以"办公室咖啡太难喝"为由溜到外面喝咖啡，员工也愿意花较少的钱喝好喝的咖啡。绿山咖啡申请了多个与 K 杯相关的专利，将 K 杯向所有饮品商开放，这些饮品商只需要向绿山咖啡支付 6 美分/杯的许可费。也就是说，绿山咖啡把 K 杯做成了一个饮料行业的开放产品。

在咖啡零售领域，虽然星巴克已经开遍全世界，但绿山咖啡凭借自己独特的定位，同样成为该领域旗帜鲜明的巨头品牌商，有自己的盈利体系。由此可见，企业建立品牌更应该重视的不是自己比竞争对手好在哪里，而是自己在哪个方面能做到第一。

企业在对品牌进行定位时，不要从众，应该凭借独特的优势进入赛道，在突出的点上持续发力，让别人只要一听到品牌就能瞬间想到某种特质，强化品牌的辨识度。对于品牌来说，突出的点是高价值区，也就是先利用头部效应锁定价值，再创造优势，持续关注能提高知名度和影响力的那些"更少但更好"的方面。

提到汽车，很多人首先想到的可能是各种各样的豪车，如兰博基尼、法拉利等，还会想到各种各样的品牌。汽车行业的竞争十分激烈，每个品牌都有过人之处，但一提到安全，大多数人想到的是沃尔沃，如图 1-6 所示。

图 1-6　汽车品牌

沃尔沃具备很多其他汽车品牌都有的优势,但这些优势都是附加价值,并不是它的重点,它始终围绕汽车安全进行推广。这个品牌最初来自瑞典。由于每年一过 10 月,瑞典的黑夜比白天的时间长,从北往南会陆续覆盖上厚厚的积雪,驾车出行的危险性成倍增加,因此瑞典的自然环境对汽车的安全性要求很高。

沃尔沃从创建以来,就将关注的重点放在汽车安全上。沃尔沃是如何突出汽车的安全性呢? 首先,建立自己的交通事故研究部门,这是沃尔沃与其他大多数汽车制造商显著不同的方面;其次,沃尔沃的工程师要考察事故情况,对警察、目击者和当事人的采访,检查事故汽车的损坏程度,收集各类数据资料,将事故情况与复杂的机械装置联系起来进行研究;最后,将已掌握的信息制成图文并茂的调查报告提供给每一个与产品开发有关的部门。

此外,沃尔沃每年进行一百多次整车撞击测试和成千上万次的零件及某一系统的测试,这个测试法是被世界同行认为最严厉的测试法之一。现在很难有单独的厂家能研发出先进的汽车安全技术。有的厂家在安全技术方面已经超越沃尔沃,但在消费者心中,沃尔沃依旧是汽车安全界的代表,这源于沃尔沃长久以来对汽车安全的追求和坚持。

在竞争渐趋激烈的时代,企业应该利用自己的独特之处,努力发展创新,尊重消费者的需求,利用个性化产品在市场中占据优势地位。

1.4　打造矩阵,让品牌焕发活力

品牌矩阵出现的原因主要有两个:一是原品牌面临发展压力,不得不再创立新品牌作为"备胎"；二是企业希望完善业务体系，主动进行品牌扩张。建立品牌矩阵是重新焕发品牌活力、引爆市场的方式之一，企业在布局时可以从以下几个方面入手。

1. 双向扩张：自创新品牌＋引入新品牌

双向扩张包括两大类策略：自创新品牌和引入新品牌。

首先说自创新品牌。Prada 曾经凭借设计时尚、高质量的服装及配套产品获得了追捧。现在该品牌仍然备受青睐，在奢侈品界拥有极高声誉。为了实现扩张，Prada 推出了自创的副线品牌 Miu Miu，如图 1-7 所示。

图 1-7　Miu Miu 的线下门店

Miu Miu 保留了 Prada 的一贯风格，但又添加了一些可爱、青春、活力的元素。Miu Miu 的服装多用素色，还会配上卡通图案，满足了一众"童心未泯"的女性消费者的需求，是很多年轻人的最爱，非常受欢迎。Miu Miu

帮助 Prada 吸引了一批年轻消费者,使市场覆盖得更全面。

其次说引入新品牌。在追求多品牌策略的时代,很多企业都会在成功打造某个品牌后再继续推出一个新品牌。这些新品牌定位往往更年轻,蕴含更多极具个性化的时尚理念。例如,雅戈尔曾引入新品牌 GY、太平鸟推出新品牌贝斯堡等。这些新品牌都有一个非常前卫、时尚、富有国际感的名字,在定位上走年轻化路线。而且,因为原品牌通过多年发展已经积累了非常强大的实力,所以新品牌一上线就可以推向市场。

2. 多项合作,多品类纵向延伸

企业在扩张时可以使用单一品牌,对同一产品线上的品类进行纵向延伸,使其在功能上相互补充,满足同一消费群体的不同需求。例如,金利来就成功采取品类延伸策略,逐步推出了更符合时代潮流的男士用品,如皮带、皮包、钱夹、恤衫、T 恤衫、西装等,从而实现了扩张,使其宗旨“金利来,男人的世界”得到进一步体现。

除了金利来,安踏也在不断延伸、细分运动品类,发布了以“实力无价”为主题的篮球战略,并成为 NBA 中国官方市场合作伙伴及产品授权商,极大提升了自己的知名度,进一步优化了自己的品牌形象。同时,安踏还与凯文·加内特等 NBA 巨星签约,不断强化自己在篮球装备领域的专业属性,打造自己的美誉度和影响力,如图 1-8 所示。

图 1-8　“实力无价”篮球战略

安踏还发布了"你就是跑者，Run With Me"跑步战略，帮助极限马拉松运动员陈盆滨完成"连续 100 天跑 100 个马拉松"的挑战。后来，安踏又与足球学校合作，携手发布以"只管去踢"为主题的足球战略，全力推动青少年足球事业的发展。

从篮球、马拉松，再到足球，安踏巩固了自己的在运动品类市场的地位，目前还在不断完善品类细分策略，在多个领域全面发力，推出专业的运动鞋服，提升自己的专业市场认可度。

3. 多项收购，多品牌横向扩张

除了品类纵向延伸策略，多品牌横向扩张策略也非常受企业欢迎。还以安踏为例，安踏定位于运动鞋服市场，致力于为消费者提供专业、高质量的体育用品，其旗下的子品牌占领多个市场。例如，FILA 定位于高端运动鞋服市场，与顶级设计师合作，为消费者提供高端产品；安踏儿童是知名儿童运动鞋服品牌，随着安踏青少年足球战略的发布获得更快速的发展；体育户外品牌 Sprandi 进一步扩大了安踏的品牌版图，帮助其实现业绩增长。

知名运动服装品牌 361°也采用多品牌细分策略，定位多层级受众，致力于满足不同消费者的不同需求。该品牌不仅瞄准了跑步市场的巨大需求，还在篮球、综训等其他品类上不断发力，希望吸引不同层级的消费者，占据更大的市场。

建立品牌矩阵有利于帮助企业提高抗风险能力，避免因为个别品牌的失败影响其他品牌的发展和企业的整体形象，但该策略对企业的实力、管理能力、市场规模都有非常高的要求。因此，企业应慎重决策，在深刻分析现状的基础上建立品牌矩阵。

第 2 章
想做成功的品牌，必须有冒险精神

"你是什么？有何不同？何以见得？"冯卫东老师的品牌三问可以变成企业日三省自身的问题。在流量红利逐渐消失、获客成本高、用户转化越来越难的趋势下，企业要认真思考这三个问题。

为什么要做品牌？因为只有品牌加持，企业才可以找到通往成功的道路。如果企业不建立品牌，也不重视品牌传播，妄图平稳地发展，那么失败是必然的。企业应该知道，没有哪个品牌的成功不是风险与机遇并存的。

2.1　冒险精神的核心是与不确定性相处

在《世界是平的》一书中，托马斯·弗里德曼指出，当今世界变化的速度已经与过去不同，每当文明经历一个颠覆性的技术革命，都会给这个世界带来深刻变化。过去数年，很多失败的企业给我们敲响警钟：它们现在面对着无法回避甚至无法预测的挑战，但缺乏适应这些挑战所必需的领导力、灵活性和想象力。不是它们没有意识到这些问题，也不是它们不够精明，而是因为变化的速度超过了它们的预期。

海恩法则指出，每一起严重事故的背后必然有 29 次轻微事故和 300 起未遂先兆及 1 000 起事故隐患。新消费时代，黑天鹅事件①与灰犀牛事件②在一定条件下可互相转化，例如，自 1988 年熔断机制实施以来，美股只在 1997 年因亚洲金融危机熔断过 1 次，而进入 2020 年 3 月份，美股在短短 10 天内史无前例地熔断了 4 次，可谓"活久见"。

人们容易根据已有的认知判断事情，以过去推测未来，而结果往往会令人大失所望。蝴蝶效应③越来越明显，因为影响事物发展的变数逐渐增加，

①黑天鹅事件形容小概率、难预测、会引起市场连锁反应甚至颠覆的突发风险。
②灰犀牛事件形容概率高、可预测、波及范围大的潜在风险。
③蝴蝶效应指的是一个微小的变化能影响事物的发展。美国气象学家爱德华·罗伦兹在演讲中说："一只南美洲亚马孙河流域热带雨林中的蝴蝶，偶尔扇动几下翅膀，可以在两周以后引起美国得克萨斯州的一场龙卷风。"

不可控因素也随之增多。技术的发展速度远超社会人文的发展速度，导致人们的人文观念、价值观和行为方式在技术革命浪潮中无所适从，很多被证明行之有效的范式和秩序正在被颠覆。

处在这样一个变动状态中的人们，自然成为"囧妈囧爸囧娃"，人生的每一天，似乎都是"人在囧途"。跨界杀手、消费偏好的骤变、企业内部突然出现的分歧、消费新物种的出现等，面对这些市场变化，企业应有常态化的举措。黑天鹅事件和灰犀牛事件本就存在，它们的出现是必然的。企业只有习惯与不确定性相处，想方设法适应市场的规则，敢于冒险，思考的半径才能放大，才知道自己以后怎样能做得更好。

德鲁克曾经说："喂饱机会，饿死问题。"事实上，人类今天所有的文明，包括语言、文字、医学、经济学、政治学、国家制度等，都是为对抗自然的不确定性而创造的。

品牌恰好为企业提供了一个认知锚点。我们之所以将品牌视为造梦的艺术，是因为品牌创造了某种用户价值。品牌只有满足一个群体的渴望和缓解焦虑，构建一幅文化认同图景，才能成为群体的共识和信仰。

2011 年，张小龙带领腾讯广州研发中心团队，在面对诸多不确定性的情况下，充分发挥创新能力，打造出决定腾讯命运的划时代产品——微信。虽然起初他们也不知道微信是否会受欢迎，但依然敢于冒险，接受未知的挑战，展现出十足的勇气。如今几经迭代，微信已经普及，取得了巨大成功。

敢于冒险、拥有强大的冒险能力是新消费时代的刚需。任何企业都需要在不确定性中不断成长和进化，以吸引并留存用户，获得品牌在新消费时代的立足之道。企业应该借助品牌为用户创造价值以获取用户手中的货币及社交货币。

2.2 打造品牌，需要在冒险中不断进击

在打造品牌的过程中，随时有可能出现突发事件，此时企业应该迎难而上，不断进击。例如，在新冠肺炎疫情防控期间，全棉时代、比亚迪、OPPO、富士康、五菱宏光、中石化、赢家服饰的口罩相继上市；Nike 与腾讯看点直播小程序共同推出健身课程直播；一直强调线下沉浸式体验的宜家开了天猫旗舰店；中信书店、钟书阁等上百家书店进入直播间，以"数字阅读"的战略促使成交量大幅度上涨；林清轩的上千名线下导购全部通过淘宝直播转型为"云导购"；西贝莜面村、小龙坎等线下餐饮品牌在直播间教大家做饭等。

此外，银泰百货联合淘宝，推出"导购在家"直播计划，实现无接触购物。雅诗兰黛、兰蔻、科颜氏、悦木之源等 50 多个美妆品牌加入此计划。

面对突如其来的疫情，上述品牌没有退缩，而是积极寻找新的出路，以一种勇敢、拼搏的姿态面对困难。当然，有冒险精神的不只有上述品牌，还有一些大家熟知的老牌企业。例如，老牌美妆企业欧莱雅陆续推出云课程、云咨询、在线虚拟试妆、在线肌肤检测等非接触式服务，还为用户提供"口罩妆打造""口罩肌护理"等美妆指南。

欧莱雅旗下的品牌 URBAN DECAY 也正式入驻天猫，邀请歌手邓紫棋为全球代言人，获得十多万人的关注。为了顺应"口罩装"趋势，该品牌还推出线上"眼技速成班"，邀请不同的时尚美妆达人展示各类妆容，收获一众好评。

在知名品牌纷纷转变策略的同时，一些细分领域的品牌也在发力。例如，总部设在密苏里州的圣路易斯、泳装品牌 Summersalt 将常规客服渠道改为情感支持热线，并将此热线取名为 Joycast，旨在安抚情绪低落的来电者。

疫情对 Summersalt 的销售额产生了影响，而有了 Joycast 后，Summersalt 至少可以在人们的脑海里留下印象。此外，Summersalt 强调自己的泳装样式新潮、时尚感强，除了可以在游泳时穿，还可以当成内衣在家里使用。这样有利于将人们的关注点从疫情转移到产品上，让人们知道 Summersalt 的泳装是有其他使用场景的。

与 Summersalt 相似，运动鞋服品牌 Bandier 也积极转型，在线上举办了由诸多健身红人主持的培训班。每天下午 4 点，Bandier 会通过 Instagram 频道免费为人们直播健身课程。参加此课程的人会对 Bandier 产生更强烈的好感，从而使该品牌得到更广泛的传播。

综上所述，企业在打造品牌时，难免会遇到不确定性事件和出乎意料的危机，这就要求企业掌握时代发展趋势和市场变化，不断增强自身"免疫力"。企业在短时间内接受一个全新的消费环境无疑是困难的，但是，如果能够找到一个准确的切入点尽快适应这个消费环境，就可以拉大自己与其他品牌之间的差距，达到化危机为转机的效果。

2.3　最优化配置资源，引爆品牌

企业在建立品牌的过程中，首先需要找准自身定位；其次针对正确的定位制定最合理的资源配置方案；最后根据方案稳步投入。运用这样步步为营的策略，企业能够最大化利用资源，将品牌精准地"钉"入用户心中。

"拼多多，拼多多，拼得多，省得多"是我们耳熟能详的一句广告语，这句广告语朗朗上口、简单易记，可以进一步加深用户对拼多多这个品牌的印象，帮助拼多多实现更广泛的传播。此后，拼多多便一直在营销方面投入资源，不断提升自己的曝光度。

例如，拼多多投入巨额资金赞助多档综艺节目，如《中餐厅》《亲爱的客栈》《极限挑战》《非诚勿扰》等，带动了成交额的大幅度提升，取得了口碑与销售业绩的双丰收。而且，这种密集的赞助也让拼多多在用户心中有了更立体的形象。

由此可见，高投入能够为品牌传播带来优势，但这并不是决定性因素。当然，企业想要只借助营销文案，不做任何投入，完全零成本打造品牌也是不太可能的。如果不能打响自己的品牌，就无法在用户心中占据优势地位。在这种情况下，企业为宣传做出的一切努力都会因为缺乏目的性而无法落到实处。

如今正处于信息爆炸的时代，用户每天都被各种各样的信息轰炸，他们能够成功接收并记到心中的信息十分有限。企业想要得到与付出等量的收获，就要学会正确、合理地配置资源，充分利用各种渠道，率先抢占用户心智。

电视、电梯广告、户外广告牌、报纸杂志等线下媒体有着不可替代的优势。例如，电梯广告的强制性、反复性；户外广告的高曝光及信息传播的集中性等。因此，企业在线下的投入是必不可少的。企业应该根据产品的性质选择性价比更高的渠道，这样才可以带来效果最好的流量转化。

一方面，线上媒体的广告形式更丰富、交互性更强、讨论度更高，很可能在机缘巧合下帮助企业引爆话题；另一方面，线上媒体的广告经常会附带产品的快捷链接，引导性更强，信息接收者一旦有兴趣，只需轻轻一点便能转换为用户。

线上媒体与线下媒体各有优势，企业应扬长避短，全力发挥二者的作用，实现 $1+1>2$ 的效果。此外，由于各类资源不是互斥的，因此企业不妨采取多渠道联动、多角度宣传的方法。为了实现资源配置最优化，企业还可以借鉴以下思维。

1. 弯道思维

弯道思维指当直接完成目标会面临强大对手阻挡或打击时，可以选择"绕道而行"，在弯道上寻找适合自己的发展方向。同理，当企业自身资源较少，没有能力与同行业的对手"硬碰硬"时，需要将目标转移到弯道上，思考对手忽略的区域及该区域的用户需求，以此立身发展并创设出自己的特色品牌。

2. 不可胜在己，可胜在敌

"不可胜在己，可胜在敌"的意思是，企业应该增强自身能力，保证不因自身原因而导致失败，并能够精确捕捉对手的失误之处，抓住机会取得胜利。这样的思维方式对内能够杜绝工作人员的投机取巧心态，保证他们不因失败而浮躁、不因进步而自满，坚持自己的成长路线不动摇；对外可以警示企业正确看待同行业的对手，既不因对手的强大而气馁，也不因对手的一时失误而轻视对方，客观评估对手的实力并小心应对。

在保证产品过关、服务完善的情况下，企业通过借助上述思维，以最优的性价比配置资源并投入宣传，能够提升品牌影响力。

第3章

着眼于商业模式，
让企业长期值钱

　　品牌界有这样一句话：品牌不能让企业短期赚钱，但能让企业长期值钱。由此可见，品牌工作不是短期行为，而应该是有规划、有思考、有战略的长期行为。企业在开展品牌工作前，应该提前做好准备，将自己的商业模式梳理好，这样可以为整个品牌工作奠定良好基础。

3.1　定位和商业模式，哪个应该在前

商业模式是什么？是由经销商、生产研发部门、供应商等各利益相关者组成的系统，品牌定位是其中的一个关键组成部分。商业模式在一定程度上决定了企业的发展方向，与品牌定位息息相关。至于二者谁应该在前，我认为还是商业模式更重要一些。

在打造商业模式方面，Netflix（奈飞）的做法非常值得我们借鉴和学习。Netflix 成立于 1997 年，是一家依靠租赁光碟发家的企业。相关数据显示，截至北京时间 2021 年 11 月，Netflix 的股价已经超过 670 美元（如图 3-1 所示），市值高达 2 943 亿美元。

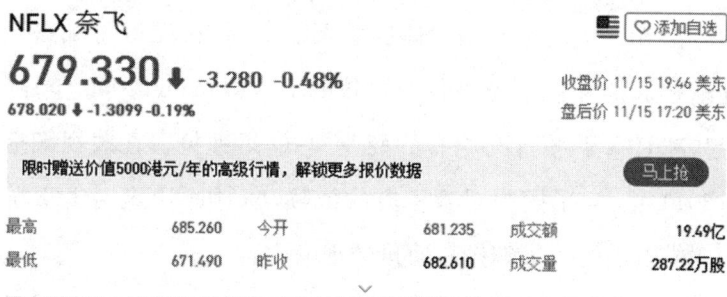

NFLX 奈飞　　　　　　　　　　　　　　　📧 ♡ 添加自选

679.330 ↓ -3.280 -0.48%　　　　　收盘价 11/15 19:46 美东
678.020 ↓ -1.3099 -0.19%　　　　　盘后价 11/15 17:20 美东

限时赠送价值5000港元/年的高级行情，解锁更多报价数据　　马上抢

| 最高 | 685.260 | 今开 | 681.235 | 成交额 | 19.49亿 |
| 最低 | 671.490 | 昨收 | 682.610 | 成交量 | 287.22万股 |

图 3-1　Netflix 的股价数据

与此同时，传统媒体巨头迪士尼的市值大约为 2 905 亿美元，这也就意味着，Netflix 的市值高于迪士尼，成了极具价值的媒体企业。那么，究竟是

什么让 Netflix 取得如此优秀成绩呢？我们似乎可以从以下几个方面找到答案，如图 3-2 所示。

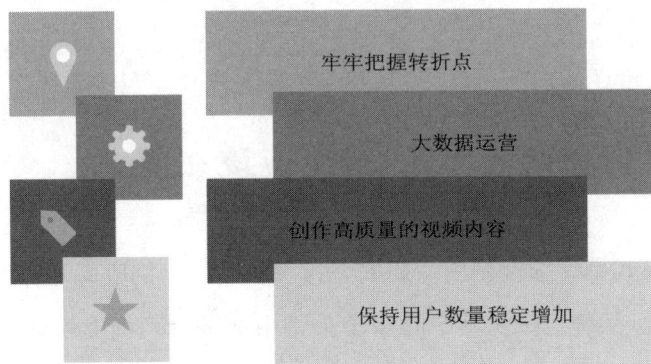

图 3-2　Netflix 取得亮眼成绩的原因

1. 牢牢把握市场转折点

从 1997 年成立到现在的 20 多年里，当面临新的市场态势时，Netflix 能够迅速为自己确定新的商业模式，并在此基础上对业务进行调整，其中最为关键的三个转折点是：

1997 年，出于对成本和用户体验的考虑，Netflix 采取了邮寄包月订阅服务，逐渐替代称霸租赁光碟行业多年的 Blockbuster；2006 年，随着互联网的兴起，Netflix 调整自己原有的商业模式，迅速抢占在线视频播放的蓝海市场；2011 年，为了摆脱对版权方的依赖，Netflix 决定对上下游进行垂直整合，凭借自己的力量创作高质量的视频内容。

2018 年，Netflix 开始追求综合实力的提升，宣布正式进军新闻业务，这也给美国诸多媒体企业带来极大压力。

2021 年，Netflix 进军游戏行业，但游戏被纳入会员体系，不单独收费，也不包含广告，主要用于扩大为会员提供的娱乐服务范围。

从表面上看，Netflix 进军新闻业务和游戏行业好像非常不符合逻辑，但事实并非如此。因为 Netflix 是流媒体，每一项战略都以用户为基础。在这种情况下，既然 Netflix 有丰富的资源和强大的实力，就应该尽可能地满足用户需求，Netflix 也可以从中获取流量作为回报。

2. 大数据运营

几乎每个月，Netflix 都要为来自 40 多个国家的千万名会员推送超过 10 亿小时的电影。而且，在美国所有高峰期下行网络流量中，Netflix 所占的比例已经超过 33%。如此一来，Netflix 就可以获得各种各样的数据，实现大数据运营。

在大数据运营的助力下，再加上精确的算法模型，Netflix 不仅可以为用户（包括会员和非会员）提供更良好的观看体验，还可以进一步提高流媒体质量。此外，大数据也能在内容交付领域起到一定作用。Netflix 有一个非常出色的内容交付平台——"开放连接"，该平台的主要功能是对与 Netflix 达成合作的 ISP（互联网服务提供商）进行有效管理。ISP 有两种方式可以享受 Netflix 的服务：一种是通过公共网络交换机直接连接 Netflix 的服务器；另一种是依靠代理。但无论是哪一种方式，都有利于缩短用户与内容之间的网络距离。

3. 创作高质量的视频内容

《纸牌屋》是由 Netflix 创作和宣发的电视剧，一经推出就受到广泛的关注和欢迎。在前期制作阶段，Netflix 通过用户收藏、推荐、回放、暂停、搜索等相关数据，预测出凯文·史派西、大卫·芬奇、名家出品这三种元素结合在一起的电视剧可能大"火"。于是，史派西成为《纸牌屋》的男主角，大卫·芬奇则是第一季的导演。

在宣发阶段，相比传统电视网"预订—试播—全季预订—周播—续订"

的模式，Netflix 采取整季预订、整季上线的全新模式，让用户在上线当天就可以享受连续观看的快感。至此，视频内容开始成为推动 Netflix 发展的新动力。

《纸牌屋》推出以后大获成功，Netflix 决定乘胜追击，继续创作内容，推出了多部热门电视剧，如《王冠》《黑镜》《怪奇物语》《无神》《惩罚者》《心理神探》等，获得了非常丰厚的盈利。Netflix 创作的内容越多，吸引的用户就越多，获得的盈利也会增加，这也意味着，Netflix 可以为创作内容提供更多资金。

4. 保持用户数量稳定增加

相关数据显示，2022 年第一季度，Netflix 的营收已经超过 78 亿美元，比 2021 年同期增长了 9.83%；净利润达到 15.97 亿美元。Netflix 没有开设广告业务，仅凭借订阅费这唯一的收入就取得如此亮眼的成绩，可见用户对其的支持和喜爱已经达到非常高的程度了。那么，是什么让 Netflix 有这样巨大的吸引力呢？

首先是没有广告。现在我国各大主流视频平台，如优酷、爱奇艺、搜狐、腾讯等都采取"会员免广告"的策略，但实际上，为了获得可观的广告费，这些平台还是会使用"会员可在几秒后关闭广告"或者"视频下方嵌入广告"等形式进行广告播放。Netflix 则不同，它不仅不进行广告播放，也不做任何广告植入，致力于改善自己的会员制度，争取为广大会员提供最优质的服务，创造最良好的观看体验。

其次是不断创新，时刻关注用户的需求和痛点。从成立那一天开始，Netflix 就没有停下过创新的脚步，前面提到的大数据运营、自己创造内容等都是很好的例子。如果没有做到这一点，Netflix 也许早就被淘汰或者被取代了。对于一个企业来说，创新是最强大的竞争力，必须不断创新。

Netflix 从一个名不见经传的小租赁商店，发展成一个大媒体企业，有许多值得借鉴的经验。与其他媒体企业相比，Netflix 不仅多了几分勇气，也多了些许果断。面对各种各样的严峻挑战，Netflix 敢于冒险、不断前行，最终探索出一条可行的道路。

本质上，商业模式设计是一个寻找并满足用户需求的过程，虽然这个过程不是特别复杂，但也不能一成不变。而事实也证明，随着市场和发展趋势的不断变化，商业模式要不断调整。Netflix 开创了一种以"会员计费"为核心的商业模式，这种商业模式不仅被各大主流视频平台争相模仿，还颠覆了整个媒体行业。

3.2　新消费时代下的全渠道模式

新消费时代，创建全渠道模式是市场制胜之道，其中全渠道与多渠道是截然不同的两种模式。多渠道的效率低，渠道互相之间难打通，线上线下冲突明显；而全渠道是将渠道打通，形成一个独特的营销闭环，通过数字化拥有最高的营销效率。

盒马鲜生、瑞幸咖啡都是典型的全渠道品牌，它们推向市场，就呈现出与众不同的竞争力，让行业的传统领导者感到紧张，这就是全渠道品牌的威力。

1. 全渠道品牌必须具备应对电商竞争的能力

在传统领域中，很多企业都在电商的围堵之下惨败。盒马鲜生选择"生鲜"这个类别作为突破口，让纯电商难以跟进和模仿；而瑞幸咖啡注重咖啡的新鲜和品质，具备抵御电商冲击的能力。

2. 全渠道品牌要具备打造独特用户体验的潜力

全渠道重要的特点就是用户的最佳体验，包括线上平台的用户体验和线下门店的用户体验。良好的体验不只发生在购买体验上，更重要的是品牌文化所创造的差异化体验。具有高体验性的产品在打造全渠道模式时拥有先天优势。体验性弱的品牌，应该尽量挖掘产品的可体验点提升用户的体验感。

3. 产品、服务、内容、品牌、科技构成全渠道的五大支撑要素

创建全渠道模式需要升级原有的品牌营销知识和战略思维。过去以产品为主导销售的企业，应该将重点延伸至服务和用户体验上，寻找创新的机会；过去以服务为主导销售的企业，应该将服务产品化，利用线上平台扩散销售的机会。卖产品与卖服务之间不再有明确的界限，不管你属于哪一种，都有必要进一步开创内容和导入科技，创造全渠道的、独特的体验。而企业以品牌投资为导向，能在后期拥有足够多的品牌资产和品牌溢价助力。

4. 全渠道模式需要回到以用户中心

全渠道系统是以用户为中心，目的是让用户的消费行为更顺畅、消费生活具有个性化愉悦感。企业需要建立一个真正洞察用户、关注用户历程的观念和系统，重塑平台，精益运营。外部环境在不断地变化，用户的需求也在不断地丰富，企业要始终以用户为中心、持续改善。

5. 全渠道是一种创新的商业模式

企业需要基于全渠道系统和用户细分重新设计商业模式。全渠道商业模式有四大竞争优势：一是运营效率的提升；二是用户价值的最大化；三是闭环系统不断精益化和迭代升级，可持续保持领先优势；四是数字化更快触达用户的精准传播。

6. 全渠道品牌可以从电商、社会化和实体店及第三方平台多点启动

全渠道品牌不再采用电商或实体店零售的两分法模式，因为一个完善的全渠道系统可能整合电商、社会化、实体店、第三方等多种渠道，所以全渠道品牌可以从任何一个渠道开始主启动，或者同时启动，这增加了切入市场的灵活性和成功率。

在全渠道模式下，虽然渠道变了，但结果没变，企业还是可以通过线上与线下营销触点实现数字化，完善"触达－进店－互动－促销－转化－复购－社交裂变"全链路营销行为，带动建立品牌新三度，即记忆度、口碑度和搜索度，如图 3-3 所示。

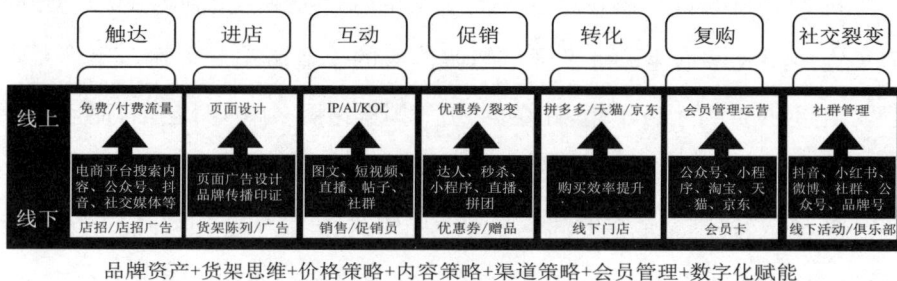

图 3-3　全渠道模式

Away 是美国知名的在线原生生活风格品牌，主要销售行李箱与旅行用品，如图 3-4 所示。秉持直接面向消费者的经营模式，没有第三方批发商或经销商，Away 得以降低成本，这也反映在售价上，让消费者可以在网络上以便宜的价格购买到精良的旅行配件。

在品牌创立之初，Away 的两个创始人就针对公务旅行人群进行了调查，结果发现这部分旅行箱使用频次较高的人群对于旅行箱的需求主要集

中在：随行充电、收纳空间最大化、轻便但又坚固。因此，Away 的产品很好地兼顾了这几方面。

图 3-4　Away 宣传海报

自 2015 年成立以来，Away 累计募集的融资金额已达到 8 100 万美元。有了资金，Away 迅速扩张了网络与实体店的事业版图。不到 3 年，Away 已卖出超过 50 万个行李箱，并在英、美等国家拓展多间实体店面，而且还与 NBA 球星怀恩·韦德推出联名系列，再度提升关注度。

Away 通过迅速地在欧洲建立专业的团队、客服中心，并开展市场营销活动，获得规模化发展。Away 还与数十名合作者合作推出限量版行李箱，如名人拉什达·琼斯、卡莉·克劳斯等，从而向不同类型的消费者推广。它的产品种类也非常丰富，有大容量行李箱、服装袋等。

Away 也是一家媒体企业，拥有专注于旅行的杂志和视频播客系列。Away 在 Facebook 和 Instagram 的广告上花费了数百万美元，还在广告牌、电视、机场安检的托盘上投放广告。Away 发展至今，不仅是一个值得信赖、拥有忠实粉丝基础的品牌，还是一家专业的旅行媒体。

此外，Away 还开设了实体零售店，这个策略帮助 Away 打造了一个非常活跃的 Instagram 社群，巩固了千禧一代的核心用户。在 Away 的实体店内，只有大约 30％的面积用来销售产品，其余空间都是用来激发人们对旅行的向往的。为了加强社群黏性，Away 还发行了旅游刊物 Podcast 和线上杂志 Here，为人们创造更多旅行话题，也进一步完善了自己的全渠道模式。

3.3　变革商业模式，重新定义品牌价值

从狭义而言，品牌是串联产品和用户的桥梁，凭借品牌基因影响用户心智；从广义而言，市场是板子，产品是钉子，品牌是锤子，而营销就是用锤子把钉子钉进板子。

一个人之所以区别于其他人，就是因为独特的基因，科学家发现，双链基因图谱决定了不同的个体特征。同理，品牌的个性就是品牌的基因，没有独特识别的价值，就很难带来差异化的盈利能力。

要有持久的品牌差异化价值，就必须进行商业模式创新。任何成功的品牌都有自己独特的商业模式，以支撑企业长久发展。商业模式结合产品技术创新，结合用户心智的变化，从定位、交易结构、盈利模式、现金流结构及资源架构等再定义品牌价值。

水饺作为中国普通家庭的主食之一，一直是速冻食品赛道的重要品类。而随着消费者对吃越来越讲究，速冻食品加速升级，涌现出诸多新品牌。下面以理象国为例对此进行详细说明。

理象国联合快手美食垂直类 IP"深夜吃点啥"，通过 IP＋达人＋品牌三

维联动，多维展现理象国产品特点并实现爆品出圈。实际上，这正是新消费品牌极速增长的一个缩影。作为一家快速成长的速冻食品新锐品牌，理象国发展速度让人惊叹。

理象国 2020 年 9 月 15 日低调上线，天猫旗舰店的粉丝快速增长，如今有 39.2 万粉丝。上线仅 99 天时，理象国天猫旗舰店的销售额便位居水饺行业第一，2020 年 11 月份的销售环比增速达 1 035％，获得了天猫美食 2020 年度创新突破奖。

值得注意的是，虽然聚焦速冻食品，但理象国的特色是"犹如现包，不像速冻"，产品馅料选材多以干贝、松茸等上等食材为主，并且坚持在全国甄选优质食材，有别于市面上现有的速冻食品。除了水饺，理象国还在馄饨、汤圆等速冻食品上为消费者提供理想简餐。

面对消费需求和消费能力的升级，虽然不少新品牌聚焦传统赛道，但理象国通过在包装、食材等方面实现极致化追求，也提升了产品价值，从而满足精致生活人群的需求。随着快手、小红书、微博等互联网社交平台的兴盛，新品牌通过社交网络实现裂变式扩张，迅速占领消费者心智，这些实现"种草"和形成社交口碑的品牌，也精准匹配了新消费人群的需求。

我们以理象国为例，给消费者提供一顿理想的简餐是理象国的品牌理念。通过 IP 授权，理象国被推送在＃深夜吃点啥＃话题中，由快手美食达人率先发布短视频预热，以深夜花式烹饪、家庭场景化表达等形式植入产品卖点。这些体现品牌调性、专业、高品质的内容，能够激发用户的参与感和创作欲，从而实现营销破局。

在快手平台，理象国通过 UGC 多元化内容共创，影响多用户圈层，在加速流量转化后，完成新品牌出圈。对于平台方来说，与理象国的合作，能够实现用户对新兴、高端品牌消费意愿的转化。而在小红书平台上，关于理象国的笔记数量超过 2 000 篇，图文、VLOG 制作精良，视频中的产品包装也颇具质感。

借助于社交化内容平台私域流量"种草"转化与公域流量助推传播，通过美食内容建立起与潜在消费用户的情感连接，理象国也实现了从流量到客流量的转化链路。在联商特约专栏作者、资深零售人孙裕隆看来，借助于消费升级，一些新消费品牌通过互联网模式快速崛起，方式上并非围绕传统消费品用户留存链路，而是采用一些新式打法。网红、KOL"种草"模式可以帮助创业型品牌快速获得关注和流量，理象国的做法正是抓住了新消费群体的高端消费需求。

传统速冻食品品牌无论是渠道还是营销环节大多围绕线下商超，产品研发、搭建生产线、铺货等环节链路较长。此外，在价格战下，由于市场占有率高，不少具有较高议价权的传统品牌陷入低价格、低质化的竞争泥淖，产品难以溢价。而拘泥于传统的营销模式和销售方式，不少品牌难以打开新市场。

与同业品牌聚焦商超卖场等传统线下渠道不同，理象国以线上作为销售阵地，高效的冷链系统保证了产品的高品质。以冷链运输包材环节为例，理象国通过将−78 ℃的干冰与饺子一起放于完全密封的"大象"形状泡沫盒，确保产品在低温状态下运输。

此外，理象国精细化和差异化的布局也区别于传统速冻食品：饺子皮不含添加剂，用的是巴彦淖尔的河套小麦粉，更有嚼劲；饺子馅不使用组织蛋白模仿肉的口感，是看得见的真材实料；饺子口感新鲜、没有速冻味儿。

从行业角度来说，一些网红产品基于爆款建立起来的用户价值认同带动了品类的流量，但难以实现转化。而网红产品要想实现业绩长红，最终还是要通过塑造品牌。

与传统食品企业不同，理象国直接以品牌为切入点进入速冻食品市场，创造出新的细分品类，实现"品牌即品类"的市场定位。有业内人士表示，品牌创新与以往模式创新不同，不是简单的复制，也难以被复制。"高品质需求是小众群体需求，作为高频消费品，速冻食品有着新的市场红利。"在孙裕隆看来，新消费群体对高品质的消费品确实存在需求，速冻食品具有高品牌价值的溢价可能性，但需要较高的品牌价值和产品质量做支撑。

一个产品能否取得成功，主要看消费者的口碑和反馈，消费者的内心认同感对品牌塑造能力的提升十分重要。如今，消费品已由产品价值逐步延伸到满足消费者精神新需求的价值上，这也是品牌基因创造新价值的契机。在互联网迅速制造、引爆话题的背景下，新消费品牌在消费市场具有无限发展空间。

3.4　商业模式需要"利他主义"吗

在一个 500 人的大厅里，如何以最快的方式吸引你的注意？答案是大喊一声你的名字。因为即使在嘈杂的环境里，一旦叫出你的名字，你的注意力会被迅速吸引。这个信息告诉企业：用户更关心与他们自己相关的信息。所以，品牌要始终提醒自己：少一点"自嗨"，多一些"利他"思维。如果说过去的商业核心逻辑是"物以类聚"，那么现在，乃至未来的商业核心逻辑就是"人以群分"。

品牌在某种程度上就是一个分类标签，科技早已将我们的思维从"我需要某个东西"转变为"我需要某种体验"。人们生活在全场景的智能时代里，在"流量＝用户数×用户时长"的设计中，流量增长无外乎两种方式：一是提升用户的数量，二是增加用户的时长，简言之就是拉新和留存。在企业对增长的关注无比狂热时，殊不知，留存更重要。

很多企业非常注重拉新，市场部的 KPI（关键绩效指标）就是新增用户数量。但这些企业如果不注重基于利他思维和同理心的高价值用户运营，新用户也可能逐渐成为"睡眠"用户乃至"僵尸"用户。

互联网从 1998 年到 2021 年，经历了一个完整的大周期，流量主导一切的时代已经告一段落，进入产业互联网时代。企业千方百计获取用户的时代已经过去，未来企业必须拥有一种深度服务用户的能力。之前我们思考的是如何把用户从 1 万个发展成 10 万个，乃至 100 万个。而现在，我们思考的问题是：如何把这 1 万个用户服务得更周到。

我们应该把假期交给什么样的酒店？ Ritz-Carlton 酒店的 Slogan（口号）是"我们以绅士淑女的态度为绅士淑女们忠诚服务"，这个 Slogan 听上去并不高大上，却朴实、有效地传达了 Ritz-Carlton 的核心竞争力——服务。

作为 Ritz-Carlton 酒店的客人，你或许会投诉任何东西，但一定不会投诉 Ritz-Carlton 的服务。Ritz-Carlton 清楚地知道服务来自员工，只有先感召员工，才能提供好的服务。感召员工是酒店经营者的主要工作与目标之一。

当用户在享受无可挑剔服务的同时，品牌的形象也会提升到一个新高度，品牌会更有吸引力，这是品牌与用户的共生、共荣。例如，某次休假，你和家人入住深圳的 Ritz-Carlton 酒店，退房时，酒店安排奔驰轿车送机，让你感受到服务礼遇。大家可以研读 Ritz-Carlton 的"一条信条、一句座右铭、三步服务和二十项原则"，以感受 Ritz-Carlton 的服务理念。

忠诚用户通常愿意更多地购买企业的产品和服务，他们的消费支出是随意消费支出者的 2～4 倍；获得一个新用户的成本要比维护老用户的成本高 7 倍；用户留存率每提升 5％，企业的盈利会提升 25％～95％。而且，随着忠诚用户年龄的增长、经济收入的提高，他们的需求量也将进一步增长。Ritz-Carlton 酒店的数据表明：18％的忠诚用户带来 80％的收入；2％的最忠诚用户带来将近 60％的收入。

　　亚马逊以良好的用户体验闻名，贝佐斯曾公开自己的个人信箱以接收用户投诉，并转发投诉邮件给相关负责人。转发时，他只附带一个问号，表示此事需要立刻解决。员工收到这样的邮件会忐忑不安，在最短的时间内解释事情原委，并采取一系列补救措施。这个"恐怖问号"为大众所知，凸显了亚马逊对用户的重视。

第 4 章

构建品牌网络——
品牌、公关、营销

现在很多用户在购物时会选择品牌产品。无论是大众品牌还是小众品牌,都会对用户的心理产生冲击,因为品牌是质量的保证,是用户对产品和企业的信任来源。但企业仅依靠品牌发展远不够,还应该重视公关、营销这两个方面的工作。

4.1 培养品牌意识:"望闻问切"原则

企业的升级、转型离不开品牌打造。品牌作为企业传递理念的载体和核心,在企业运营中占据至关重要的地位。所以,无论是企业还是品牌营销人员要想脱颖而出,必须从品牌意识、品牌思维、品牌策略和品牌战术四个维度做好品牌运营。

在上述四个维度中,对于很多新企业来说,品牌意识比其他三个维度都重要。下文重点梳理培养品牌意识的四个原则:"望、闻、问、切"。

1. 望:用眼看

具备品牌意识的体现是企业要能主动发现以下四个方面的内容:

(1)品牌战略是什么?

企业要根据自身发展,明确自身的品牌战略是单品牌战略(如宝马)、多品牌战略(如宝洁)、独立品牌战略(如雷克萨斯),还是主副品牌战略(如海尔)。

(2)品牌传播渠道是什么?

了解企业的品牌传播渠道是否包括以下几种:

①社群建立,如 QQ 群、微信群、微博群、淘宝群、支付宝群等;

②自媒体,如微信、微博及其他自媒体(头条号、搜狐号、百家号、大风号、一点号、封面新闻、大鱼号、企鹅号、网易号、界面新闻和支付宝等社交平

台的自传播渠道）；

③短视频，如抖音、快手、视频号、火山小视频、西瓜视频等；

④百度矩阵，如百度知道、百度问答、百度百科、百度关键词等；

⑤问答类平台，如知乎、悟空问答、百度贴吧等；

⑥其他渠道，如行业论坛、KOL 合作、公关软文、企业官网、媒介投放、地推活动等。

（3）品牌的内容和风格是什么？

除了了解品牌是否全渠道传播，你还需要知道传播内容的风格是厚重的（集团品牌内容）、活泼的（产品品牌内容）、稳健的（营销节点内容）、卡通的（企业 IP 内容），还是内敛的（企业内部内容）；同时需要注意创始人和品牌负责人的个人性格（个人 IP 内容），这也可能影响传播内容的风格。

（4）部门员工对品牌意识有什么影响？

企业的整体品牌工作是团队共同完成的，每个岗位都离不开协同合作。你需要了解部门同事的岗位职责，在沟通中了解同事对企业品牌的认知，分析他们品牌意识的强弱。你也可以与新媒体岗位的同事沟通，了解他们对新媒体岗位的认知，了解他们平时关注哪些微信公众号或使用哪些 App，以此判断他们在常规做新媒体编辑内容以外是否了解新媒体后端功能的技术支持，是否能够掌握事件营销。

2. 闻：闻就是用耳朵听，用鼻子闻

听什么：学会听消费者传达给品牌的声音，了解消费者是否知道品牌内核、消费者是否有反馈、消费者是否认同品牌等问题。

闻什么：学会闻品牌的味道，从品牌知名度、品牌美誉度、品牌忠诚度三方面去思考企业下一步发展策略。

3. 问：多问

无论你是高管、中层领导，还是基层员工，如果对品牌策略和战术很陌生,那么快速融入团队的方法就是多问。例如,你是一名高管,加入品牌市场团队后,你要先清楚部门的组织架构,多询问每个同事对岗位职责的看法和个人目标。同时,你要清楚他们针对岗位特性的学习方法和学习计划。

4. 切:查漏补缺

查漏补缺是一个很重要的环节。当具备"望闻问"的品牌意识后,你就能发现在整个品牌营销过程中,哪些环节出现了问题、哪些渠道没有涉及、品牌传播内容是否与企业发展目标统一、品牌传播触点是否能够被穿透、消费者是否认同你现在做的品牌工作等问题,这样你才有可能马上进入正轨,开展品牌工作。

"望、闻、问、切"四个原则是我多年从事品牌工作总结出来的培养品牌意识的经验,对想要培养品牌意识的企业应该很有帮助。当具有品牌意识后,品牌思维、品牌策略和品牌战术这三个维度的实施才有意义,企业也能少走很多弯路。

4.2　公关是过渡环节,极速引爆品牌

有效的公关能够快速让用户理解产品的特征与内涵。公关有三个层面的含义:一是公关有创意,遵循无创意不传播的公关理念;二是公关有效率,通过新媒体搭线的方式高效进行品牌传播;三是公关讲互动,借助游戏式的互动方式让传播范围更广泛。

1. 创意：无创意不传播

公关的核心是用最适合自己的方式让用户理解品牌的核心特征与内涵。要达到这样的效果，企业必须遵循无创意不传播的公关理念。创意是点亮公关的智慧之笔，成功的创意公关通常需要遵循以下几条铁律：

（1）公关策略处于领导地位。公关策略必须通过优秀的公关活动，让品牌进入用户内心。如果企业在公关策略上多下功夫，公关活动就已经成功了一半。任何公关活动都是品牌的局部运营，而企业成功的关键在于品牌的综合运营形成的品牌影响力。有创意的公关策略要通过故事让用户与品牌之间产生情感链接或共鸣。

（2）公关活动主题鲜明，同时要营造创意氛围。公关活动往往能够涵盖品牌故事、理念和核心优势等方面的内容。在偌大的公关活动中，如果缺乏吸引用户注意的主题，公关活动的节奏就会松散，整个过程就会淡然无趣。所以，公关活动必须紧扣主题，通过营造氛围达到理想的效果，让公关策略更有看点、更有创意。

（3）公关活动必须进行多元化整合，最终提升创意含量。公关活动不仅局限于活动现场，如今跨界营销与互动营销的方式也广泛地应用到公关活动中。但想要达到惊人的效果，整合能力必须非常出众。跨界不是生硬组合与强拉硬扯，更不是"乱点鸳鸯谱"，否则不但不会产生创意火花，还会弄巧成拙有损品牌形象。

（4）公关要瞬间锁定记忆的精彩时刻。每个公关活动都是为了维系用户与促进销售增长，最终提升品牌影响力的。所以，公关活动不是单方面的宣言，而是为了维护品牌与用户的长久关系而存在的。企业不能期待用户记住公关活动的所有内容，但要让用户记住闪光点。所以，公关活动必须有效传递能让用户记住的信息，特别是要将品牌所包含的文化内涵、设计理念乃至生活哲学融会贯通，让用户感受到完美的创意。

2. 效率：新媒体搭线，高效传播品牌

随着移动互联网的发展，公关方式逐渐丰富多样，而且能够深入人们的内心。新媒体在各领域的渗透扩张，对公关是一种机遇，它能够为公关宣传提供途径，并且能够拉近品牌与用户之间的距离，增强互动性，最终达到高效传播品牌的效果。

在公关领域，新媒体逐渐成为公共关系维系的重要环节。企业在进行公关活动时，新媒体能够为用户提供点对点的信息服务，使活动更具针对性，让用户更喜爱产品。当然，为了使新媒体公关达到又好又快的传播效果，企业应该为用户提供更个性化的信息服务。

企业应该及时抓住新媒体的机遇，充分利用它带来的新传播环境和公关方式，逐步拉近品牌与用户之间的距离，特别是拉近彼此之间的心理距离。只有这样，品牌在公关活动中才能够得到用户的关注和认可，公关活动才能够达到最大化的传播效果。

3. 互动：游戏式互动，传播范围广

移动互联网时代，几乎所有商家都在网上举办形形色色的公关活动，而企业最常用的是游戏式互动模式，因为它的吸引力更强，传播范围更广。例如，投票送红包、答题抽奖砸金蛋、免费领取礼品等。

公关活动的关键是让用户参与其中并形成深度互动。无论什么类型的公关活动都是一种引流计策，最终目的是让品牌呈现在用户面前，让用户知道并接纳自己的产品，提升企业的知名度。对比其他公关活动，基于游戏的互动方式更能吸引用户，在诸多方面都占据优势。

但有些企业虽然极尽所能与用户进行游戏化互动，最终还是陷入这样一个怪圈："发起公关活动—吸引新用户—将新用户发展成老用户—流失老用户"。怪圈的出现使企业无法把公关活动运营得更好，更糟糕的是，企业

不仅没有发展新用户，还在不断流失老用户。

为什么会普遍存在这种怪圈呢？因为有些企业对用户不重视。企业必须重视对用户的关怀和维护，这里为企业提供以下三个方面的建议：

建议 1：关心付费用户。对于长期关注品牌的付费用户，企业应该给予关怀，除了平常的回访信息，还要给他们发送节日问候、定期组织他们参加公关活动等。

建议 2：优先回访访问量高的老用户。在对老用户进行回访时，企业要根据他们的访问量进行先后回访，例如，对访问量高、有留言信息的老用户优先回访。企业可以通过视频面对面回访，也可以通过电话跟踪回访。

建议 3：企业要给同行业用户发送相关信息。对于同行业用户，企业要及时分享行业信息。因为企业与用户是为了共同利益而合作，为了互利互赢和增加彼此的信任度，必须把对方的需求作为出发点，通过邮箱、手机短信等方式给用户发送相关信息。

国际品牌 GUESS 采用一种完整的环形用户体验模式进行公关，即"宣传品牌—与用户互动—销售产品"的体验模式。

首先，GUESS 在公关期间专门创建了一个公关活动网站，此网站与公关活动相连，只要用户点击公关活动页面，相关信息就会及时反馈到互动后台，用户就能很快与公关活动工作人员及模特们互动。

其次，GUESS 在公关活动期间通过报名方式和投票方式获得了大量数据。电脑用户端和手机移动端共获得将近 70 万人次的参与，社交网络平台的转发与评论数也相当高。此次公关活动正式结束后，GUESS 的品牌曝光量超过了百万次。

最后，GUESS 通过网络与用户进行一系列的热门时尚公关活动，如投票选出最美女孩、将模特大赛拍成大片等。这样的互动公关活动能够让用户积极地参与其中，主动传播 GUESS 的品牌宗旨与理念，增加公关活动的传播力度。GUESS 通过网络平台号召时尚女性参与公关活动，通过用户投票评选出 GUESS 最美模特，这极大地符合时尚女性的喜好，从而引起了广泛关注，取得了良好的公关效果。

4.3　你无法成为独角兽？因为营销效率差

在很多时候，营销过程就像一台输入原料、输出产能的机器，一旦机器启动，唯一的目标就是获客增长，如图 4-1 所示。对于机器，维基百科给出这样的解释：一种利用能量为达到特定目的，负责执行任务的设备。

图 4-1　营销过程就像一台输入原料、输出产能的机器

上述解释中包含三个关键词：利用能量、特定目的、执行任务。如果对应到营销上，我们可以这样理解：机器利用能量是在做"功"，即在单位时间

内利用单位资源完成的工作量,这里的"功"指向"效率"。营销是通过金钱投入,产生具体的创意广告、内容运营、公关活动等,这些成果作为场景入口,再产生流量、激活、留存、转化,就如同机器做"功"一样,也应该指向"效率"。

从机器角度来看,在单位时间内利用单位资源完成的工作量越多,效率越高。对应到营销上,企业使用越少的资源、越短的时间,实现越多的获客转化,效率就越高。实际上,一个品牌之所以没有成为"独角兽",本质上就是因为营销效率没有达标。

想象一下,一个完美的营销过程应该进化成一台完美的"机器"——营销团队如同操作机器的工人,不同的营销职能就像不同的机器构件一样。无论是营销团队,还是营销职能,都可以为营销提供资源与能量,推动不同板块的耦合。双方之间完美协同,可以产生营销的"功",使用户不断转化,而且转化越多,营销效率就越高。

在实际的营销过程中,具体的营销方法繁多而复杂,可能是一场场线下活动、一次次线上广告投放,也可能是社交平台上的裂变刷屏。这些营销方法都有独立而多样的指标,如足够多的阅读量、关注人数、下载量等。但无论如何,当"营销机器"正式启动时,获客转化作为唯一且重要的指标,绝对不可以被忽视,该指标应该像北极星一样永恒闪耀,发挥指引目标的作用。

通常情况下,一些以促进销售为目标的营销活动可以紧紧围绕获客转化展开,还有一些品牌导向的投入似乎很难看到与获客转化的直接关系。即便如此,我们依然可以用获客转化对品牌导向进行思考和衡量,这时广告的创作角度就会发生变化。

例如,王老吉有一个家喻户晓的广告——"怕上火,喝王老吉",这个广告就勾画了消费场景——上火;激发了用户的恐惧情绪——怕;最后与品牌直接关联——喝王老吉，从场景、情绪、品牌着手，实现了"三位一体"的营销效果。

这个象征着品牌形象的广告成为具有导流价值的入口，获客转化和获客效率都非常高。"困了、累了喝红牛""小饿小困，来点香飘飘"也是一样的原理。而有的广告，如"鹤舞白沙，我心飞翔"，既没有场景，也没有情绪，品牌与用户之间无法有效互动，导致获客转化量很低，获客效率也很难提升。

营销所做的"功"，既可以体现在空间维度，也可以体现在时间维度。空间维度就是制造一些营销事件，而时间维度则很容易被忽略。新品牌的做"功"与成熟品牌的做"功"大不相同，因为在一般情况下，新品牌资源约束强，如果低成本获客成为关键命题，那么，品牌对获客效率就提出了更高的要求。

例如，不同行业有不同的营销周期，从获客到回款，互联网行业通常需要 12 个月，房地产行业大约需要 2～3 年，制造行业一般需要 120 天。当然，这也需要我们从时间维度分析行业周期、品牌成长周期、销售周期等方面的差异。

此外，从配置资源的角度来看，企业是选择以阶段性重点资源投入获取局部压倒性优势，还是选择细水长流以时间换空间，所采取的策略有很大不同。可以说，做"功"非常重要，但什么时候"做功"其实更重要。

现在社交媒体的地位已经越来越突出，内容营销也随之崛起，并对营销环境产生非常深刻的影响。然而很多品牌根本不考虑自己的特性和所处的行业，片面地追求超 10 万次的阅读量。如果从营销效率的角度来看，即使是一篇阅读量超 10 万次的内容营销文章，也仅是局部节点性胜利，真正决定营销成败的，其实是全局营销效率差。

那么，什么是全局营销效率差呢？营销就像是一台多部件运行的复杂

"机器",不仅涉及能够洞察用户特征的脑科学、认知科学、社会心理学、行为学、命名学、信息设计科学,也涉及深入触达用户的媒介形态、线上线下渠道、色彩视觉形象、搜索引擎、社交链路,以及随着技术与营销深度融合而来的数据、增长黑客等。

上述这些"部件",有的可以帮助品牌对用户进行识别,有的仅会影响用户的认知,有的能作用于用户的行为与购买转化,有的则是激励用户进行传播与扩散。每一个"部件"都相对独立又相互联系,小部件构成部件系统,部件系统耦合成整体营销"机器"。

因此,在很多时候,营销效率的整体提升其实取决于不同"部件"之间的协同工作与精妙配合,这可以理解为"全局效率"。而不同营销团队操作"机器"的水平不同,就会出现"功差","功差"导致效率差,最后输出表现自然也不同。

理想的营销操盘手是一个优秀的操作大师,他需要做很多事情,如配置资源、精心设计部件系统、思考先动哪个部件再动哪个部件、什么时候开始动部件、什么时候不再动部件等。对于他来说,转化效率是衡量一切营销行为的终极目标,同时也是营销行为的导向。

之前人们都是从方法论视角观察营销,如古典营销会讲心智、定位、品类、品牌形象、STP 等;新派互联网营销讲流量、入口、留存、激活、裂变等。现在已经进入一个全新的时代,我们需要重新思考与理解这些理念,深入探索在获客效率的导向下,营销"机器"所扮演的角色与发挥的作用究竟是什么。

高科技营销之父杰弗里·摩尔在其著作《跨越鸿沟》中写道:"任何一项营销计划都必须依赖一些持续发生的连锁反应",而这种持续发生的连锁反应,其实就是一台像飞轮一样转动的营销"机器"。只要企业投入资源,这台"机器"就会持续做"功",引发一系列连锁反应,从而以较大的效率差实现获客转化。

　　营销虽然是一场看不见硝烟的战争，但企业每天都在投入营销资源。不同的人运作不同的品牌，就导致不同的营销全局效率差，这样的不同让品牌的悲喜故事每天都在上演，有些会在激烈的战争中闪耀出异常迷人的光彩，但大多数会像灭霸响指弹起一般，灰飞烟灭，不留一丝痕迹。

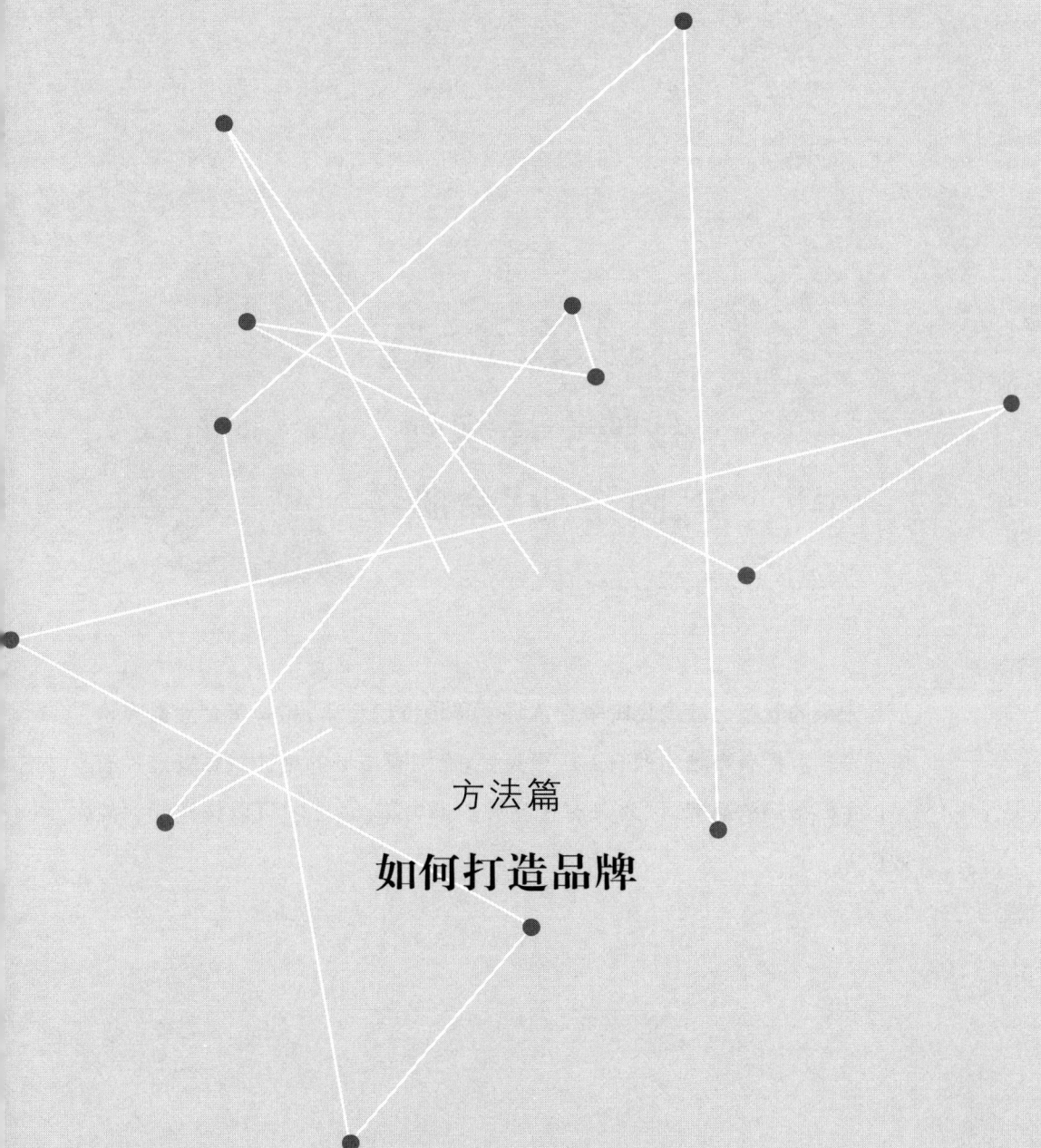

方法篇

如何打造品牌

第 5 章
品牌全局规划，
巩固企业"命脉"

　　未来的营销之战是品牌争夺市场主导地位的竞争，品牌是企业最有价值的资产。拥有市场比拥有工厂更重要，而拥有市场的绝佳策略就是拥有可以主导市场的品牌，因为只有在品牌的助力下，企业才可以构建起飞轮效应①。

---

　　①飞轮效应：为了使轮子转动起来，一开始必须使出很大力气，当轮子高速运转起来后，它本身巨大的动能可以克服较大的阻力保持原有运动。

5.1　如何打造一个优秀的品牌

现在信息越来越繁杂，产品的更新换代也十分迅速，企业要想在消费者心中抢占一席之地，就必须建立自己的品牌。那么，企业应该如何建立品牌？本书提供以下六个步骤给大家参考。

1. 第一步：找准定位

构建品牌的第一步是找准定位，凸显品牌与竞争者的不同价值。为品牌取一个好名字、促进品牌自传播、通过社群实现裂变营销、将团队里可能成为热点的事件推广出去等，都是企业在定位时应该考虑的。如果企业本身具备的资源有限，面对的也是特定消费者群体，那么定位将是其集中资源获取更大经济优势的重要方法。

2. 第二步：打造好产品

除了做好定位，打造好产品也是快速建立品牌的重要步骤。企业要想打造好产品，需要关注三个方面：建立产品认知，让消费者知道产品是干什么的；提升产品美誉度，向消费者传递产品质量优秀的信息；强化产品个性，让产品在趋于同质化的市场中脱颖而出，吸引更多消费者的认可和喜爱。

3. 第三步：讲一个好故事

在快速建立品牌的过程中，企业要想使品牌变得有内涵、更容易被消费者接受，一个重要途径就是赋予品牌一个故事，让品牌不再是虚无缥缈的概念，而是一个"有呼吸""有脉搏""有血有肉"的形象。这样可以更好地将品牌传递给消费者，使消费者产生共鸣。

4. 第四步：放烟花，让全世界看到你的美

在完成前期工作后，企业接下来的任务就是集中力量向市场展示品牌。所谓放烟花，就是让全世界都知道这个品牌，此时企业要想方设法让消费者触及品牌的产品、名字、符号、颜色、广告语、代言人，并将策划好的营销方案集中放出。例如，企业可以在微博、微信公众号、视频网站等渠道投放营销信息，在线下投放传统电视、报纸等媒体广告，并同步开展营销活动，通过各种渠道向消费者宣传品牌。

5. 第五步：赢得认同，占领消费者心智

打造一个优秀品牌的根本目的是将品牌深深"钉"入消费者心智，赢得消费者的认同。企业要想达成这个目标，只进行广告宣传、品牌营销和推广是不够的，还需要从消费者角度出发为消费者提供更多的便利，这样才能更容易吸引消费者，让品牌在市场上站稳脚跟。

6. 第六步：重复，让品牌不断沉淀

当今时代，各种品牌层出不穷，而且各有各的优势，其中也有一部分品牌只是昙花一现，很快就消失在市场洪流中了，这主要是因为它们没有重复进行品牌营销，忽视了品牌沉淀。任何品牌要想长久地在消费者心中占据一席之地，在市场竞争中获得份额，都必须进行积累和沉淀，不断重复自己的营销方案，定期投放广告。

5.2　品牌自带传播能力可以为企业节省巨额预算

所谓自传播能力，通常是指基于品牌自身的优势和光环，使人们自发、自愿地对品牌进行分享和传播的能力。有这种能力的品牌往往可以受到更多消费者的关注和青睐，帮助企业节省百万元的营销预算，为企业带来源源不断的回报。

在传统营销模式下，企业为了宣传和推广品牌，需要在各渠道投入大笔金钱，设置大量营销策划方案。但是，有些企业即使投入很多资源进行品牌营销，获得的回报也不一定丰厚。没有自传播能力的品牌如同死水一潭，很难获得消费者长久的认同。即使这些品牌在短时间内能够吸引消费者的注意，时间久了也会渐渐地被遗忘。例如，加多宝赞助《中国好声音》节目，斥巨资投放广告，用近乎狂轰滥炸的方式向消费者不断输出品牌，这种营销方式是有效的，但跟投入比起来，收获不能令人满意。

有些企业很少大手笔投入广告进行营销，而是采用自传播的营销方法，如无人货架猩便利、便利蜂等。这些企业没有大量投入广告营销，利用自传播带来的优势，仍旧取得良好的品牌传播效果。

自传播这种低成本、高收益的营销模式，为企业打开新的营销思路，也为企业省下百万元营销预算。例如，糕先生就是自传播成就的糕点品牌，它是福州网络健康蛋糕品牌，无线下实体店，品牌理念是以极致的食材承载对爱的承诺。

消费者在网上下单后，糕先生当天制作并配送产品。作为一个成功的互联网蛋糕品牌，糕先生在行业内名列前茅，是一个低成本营销的典范。糕先生以低廉的成本实现成功的营销，归根结底就是因为利用低成本的自传播模式，利用自身的产品成就品牌。那么，糕先生是如何实现自传播，获得营销成功的呢？接下来让我们逐步分析和学习。

1. 糕先生将品牌和产品人格化

糕先生产生前，福州市面上大多数糕点品牌的名称一般趋于两个极端，不是太过中式复古，就是太过西式。糕先生的命名则没有与市面上的其他品牌雷同，而是将品牌拟人化，将糕点品牌做成"糕先生"这种拟人化的形象，使品牌更亲切。

这种拟人化的名称打开市场后，糕先生顺势开通企业微信号、微信公众号、微博等媒体账号，以拟人化的形象跟消费者互动，了解消费者的需求，提高消费者的参与度，拉近品牌与消费者之间的距离。

此外，糕先生十分重视品牌的形象设计，聘请漫画家定制拟人化的形象，让品牌和产品的形象更可亲。糕先生的品牌也具备故事性，创始人希望通过糕先生的故事让品牌更好、更容易地被消费者认知并记忆。

2. 糕先生重视产品的外观和品质

糕点行业的同质化现象十分严重，为了使产品能够在同质化市场打败竞争对手脱颖而出，糕先生舍弃大部分糕点企业使用的圆形蛋糕外观，转而选择方形作为产品的外观，提高产品的辨识度。方形蛋糕的造型经过糕先生旗下糕点师的精心设计，更加时尚、精美，赢得了消费者的喜爱。

除了重视外观，糕先生也十分注重糕点的品质，打出健康蛋糕的口号，坚持做高品质蛋糕。同时，糕先生还经常通过微博、微信与消费者互动，联合消费者一起研发新品，让消费者拥有全新体验，对品牌有更强的认同。

3. 开发能够引发消费者互动的新产品

糕先生持续利用产品的自传播特性，不断与消费者产生互动。糕先生抓住热点进行新产品开发，在邓紫棋的《喜欢你》大火之后，将这一热点与消费者表达感情的需求相结合，迅速推出"黑凤梨"蛋糕。

糕先生也很关注与消费者之间的互动，经常在发布新品后向消费者征集名称或者发布营销活动，加深品牌与消费者之间的联系，获得消费者的认可。

4. 借助明星的流量优势

糕先生依靠福州当地的影城资源，为明星提供服务，借助明星带来的流量优势，打出明星同款的标语，为自身的产品做低成本的宣传和推广。

糕先生的低成本、高收益的营销成功秘诀，归根结底就是因为借助自传播模式，做出了正确的营销决策。其他企业也可以学习和借鉴。

第6章

品牌定位，没有你想象得那么简单

大多数人通常只看自己愿意看到的事物，排斥与自己的消费习惯不相符的事物，而且人们对同种事物的记忆是有限度的。基于此，企业只有压缩信息，对品牌进行定位，为自己塑造一个最能打动大众的形象，才是明智选择。品牌定位使用户对企业产生正确的认识，并因此产生消费偏好和购买行为，可以说，品牌定位是企业成功通向用户心智的一条捷径。

6.1 你的品牌定位策略更新了吗

在不断发展和变化的时代，企业要重新理解品牌定位，掌握更全面的思维模型。一般而言，企业首先要进行理论化的策略模型思考。正如学生在中学时背英语单词一样，企业也必须熟记策略模型。这里推荐几个常用的品牌策略模型，如波士顿矩阵、PEST 模型、波特五力模型、SWOT 模型、用户细分模型、销售漏斗模型、黄金圈法则、马斯洛需求层次理论等。

品牌是一门大学科，分为品牌、产品、营销三大部分，这些模型都适用于这三大部分。企业可以通过学习这些模型，丰富自己的品牌定位理论。其实每个企业都有自己的全套理论，企业在思考品牌定位时，不能忽视的就是策略性思考，也就是常说的长期品牌定位规划。经过长久的实践，企业在进行长期品牌定位规划时，以下四种策略被证明是可行、可借鉴的。接下来就对这四种策略进行透彻的研究和分析，如图 6-1 所示。

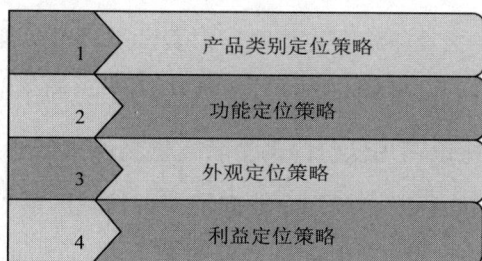

1	产品类别定位策略
2	功能定位策略
3	外观定位策略
4	利益定位策略

图 6-1 品牌定位四种策略

1. 产品类别定位策略

产品类别定位策略是指将品牌与某种特定的产品类别联系起来的定位策略，让消费者接受并牢记这种联系，在记忆中形成品牌联想，在看到产品类别时就能回想起该品牌。天猫无人超市在这方面就做得很好，消费者一想起新零售的无人超市，就会想起天猫。

2. 功能定位策略

功能定位策略就是突出强调产品的功能优势、过硬质量和其他特性，强调品牌下的产品具有其他竞品不具备的特殊属性，从而凸显品牌的优势。例如，猩便利强调无人货架的便利性；优衣库强调线上与线下同等质量、同等价格、同步更新的特性。

3. 外观定位策略

外观定位策略是指产品的外部特征具有特异性，使得品牌给消费者留下深刻印象的策略。消费者在选择产品时，往往不了解产品的具体使用体验，主要依据产品的外观凭直觉做出选择，产品的外观在很大程度上也是产品定位的重要依据之一。例如，服装行业的产品大多拥有不同的风格特征和外观特质，这是品牌定位的体现，也是对品牌定位的强化。

4. 利益定位策略

利益定位策略就是品牌在定位时向消费者承诺产品能够满足消费者需求，为消费者带来利益，突出产品、品牌与竞品之间的不同和优势，成功定位。例如，小米手机承诺用低价为消费者提供高性价比的产品和服务。

品牌定位在很大程度上决定企业向消费者传递的形象，而且，品牌定位的过程也是不断树立、修正、强化自身形象的过程。例如，服装品牌太平鸟的定位是"让每个人都享受时尚的乐趣"，后来随着新零售策略的开启，定位就变成"快时尚虚拟联合"。在对定位进行修正的过程中，太平鸟这个品牌得到更广泛的传播，形象也得到进一步强化。

　　理解以上四个原则，企业在进行品牌定位时就有了明确的方向，这些原则在新时代的品牌定位中有很重要的作用。抓住这四个原则进行品牌定位，有利于企业在竞争激烈的市场迅速找到适合自己的发展道路，并在与对手的较量中占据优势地位。

6.2　品牌定位的三个误区

　　在进行品牌定位时稍有不慎，就有可能陷入误区，导致品牌定位失败。为了防止这种情况发生，企业要注意避开误区，走正确的路线，节约成本，使效率最大化。在品牌定位方面，误区主要分为认知误区和应用误区，具体包括以下三种。

误区一：从企业的角度定位而不是从消费者的角度定位

　　许多企业在进行品牌定位时往往从自身角度出发，将品牌定位等同于自身希望达成的目标，而不是从消费者角度出发，这样很容易造成一种现象：品牌定位与消费者需求不一致。例如，企业将自己定位为"行业领导者"，这样的定位对于消费者来说没有意义，脱离消费者需求，是不合理的定位。

误区二：品牌定位背离消费者的已有认知

　　企业在进行定位时不仅要考虑使品牌在一众同质化品牌中拥有差异化

优势，也要考虑消费者固有的认知习惯，不能让定位与消费者的认知背离。例如，专注于时尚女装的企业创立一个同品牌销售家居产品，那么在消费者心中，该企业的家居业务可能并不专业，这就是因为在定位品牌时背离了消费者已有的认知。

误区三：把广告和品牌定位等同

许多企业没能将广告和品牌定位区分开，认为广告就是品牌定位。然而，企业的广告大多数只是传播品牌核心理念，对消费者产生记忆上的深刻影响，是不能跟品牌定位混为一谈。定位作为打入消费者心智的"钉子"，应当是简洁有力、紧抓消费者需求的，例如，企业的广告是宣传产品销量好，如果将广告和定位等同，就会让消费者迷惑，使其无法理解这一品牌的定位。

对于企业来说，品牌定位是一个非常重要的工具，用得好就是品牌的助推器，用不好就可能成为品牌发展过程中的障碍。企业要想进行成功的品牌定位，就要避开本小节提到的三个误区，将品牌的核心价值更充分地展示给广大消费者。

6.3　新消费时代下的品牌定位方法

品牌定位是用户认知阶段非常重要的一种战略，其本质是使用户在心智中形成关键词的联想。企业一旦确定品牌定位后，所有营销行为都将围绕这个定位展开。那么，品牌应该如何进行定位呢？比较有效的是以下四

62

个方法，如图 6-2 所示。

1. 竞争性定位

竞争性定位是以强竞争性为导向，进行与对
手完全不同的定位，这个方法比较适合那些市场
饱和、后发创业的品牌。在使用竞争性定位时，
企业首先要找一个可以对标的竞争品牌（尽量知
名度高、影响力大、认知基础夯实），然后针对这
个竞争品牌提炼出自己标新立异的优势，实现
"人无我有"或者"人有我优"的效果。

1	竞争性定位
2	自我表现定位
3	USP定位
4	升维定位

图 6-2　有效的
品牌定位方法

为了进一步营造一种"一破一立"的感觉，竞
争性定位的广告语应该有一定的偏向性，例如，使用"更、没有、比、增加、减
少"等字词。当然，这也有利于带给竞争品牌不利的联想。以下是几个竞争
性定位的案例：

（1）面对实力强劲的竞争品牌谷歌，百度提出"更懂中文"的定位口号，
从而进一步巩固中文搜索的地位。

（2）2014 年，滴滴和优步基本上已经占据整个网约车市场，作为后发创
业者，神州专车将滴滴当成竞争品牌，设计了广告语——"更安全的专车"。
该广告语一出现，就影响了用户的心智，让其他品牌被间接联想成"不安全
的专车"，实现了"人无我有"的效果。

（3）农夫山泉有一句非常经典的广告语——"我们不生产水，我们只是
大自然的搬运工"，这不仅强化了天然矿泉水的定位，也让用户怀疑其他品
牌矿泉水的品质。

（4）在优信、人人车充斥二手车市场时，瓜子二手车以"二手车直卖网，
没有中间商赚差价"的广告语异军突起，为对手建立了"有中间商""会赚差

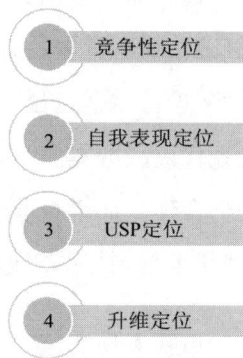

价"的联想，而且数据也证明，瓜子二手车的广告投放效率确实更高。

（5）在找到竞争品牌邦迪的短板（无药）以后，云南白药利用"有药好得更快些"进行重新定位，最终反客为主成为领导品牌。

现代商战的本质是，在饱和的市场中寻找一种对立与统一，实现与竞争品牌的合作。如果企业还像之前那样对竞争的残酷性熟视无睹或者反应迟钝，就很难得到好的定位结果，也就无法吸引用户的支持和关注。

2. 自我表现定位

自我表现定位是通过表现品牌的某种特质，让品牌成为用户彰显自我、宣扬个性的载体和媒介。这样的定位不仅可以体现独特的社会价值，还可以为用户提供极致的审美体验和愉悦感受。以下是几个自我表现定位的案例：

（1）在年轻一代中，"酷"似乎永远不会过时，因此，为了牢牢抓住那些处在时尚前沿的新"酷"族，李维斯（Levi's）打出"不同的酷，相同的裤"的广告语。

（2）百事从年轻用户入手，开辟新市场，把自己定位为新生代可乐，提出经典口号——"年轻新一代的选择"。

（3）鸿星尔克作为国产运动品牌，有一句大家耳熟能详的广告语——To be No.1，这句广告语倡导的是一种坚韧、顽强拼搏的奋斗精神，使消费者热血澎湃。

不难看出，上述案例都采取了自我表现定位的方法。实际上，如果品牌与其他品牌满足的是相同的需求，不能体现独特价值，那就要通过定位、分化、切割、创新，进一步表现自己的优势，从而获得发展机会并赢得市场竞争。

3. USP 定位

20世纪50年代初，美国营销大师罗瑟·里夫斯提出了非常著名的

USP(Unique Selling Proposition)理论，即向用户表达一个"独特的销售主张"。40 多年后，广告企业达彼思将这个理论运用得淋漓尽致，并衍生出新型定位方法——USP 定位。

从概念层面来看，竞争性定位也属于 USP 定位的一种；从实践层面来看，USP 定位更强调产品的功效和利益，是物理性质的定位。在使用 USP 定位时，有一个非常重要的前提，那就是产品必须具有独特的功效，以便为用户提供一个明确的利益承诺。

无论是过去还是现在，USP 定位都是绝大多数品牌的最佳选择，尤其对于那些以生产科技创新产品、工业产品为主的品牌而言，USP 定位是合适的定位方法。USP 定位能够推动创新思维的提升和工业设计的优化，如简单、极致、重点突破等元素，都与 USP 定位有千丝万缕的联系。一般 USP 定位的常用表现形式是场景口号，即为用户营造一种在某种场景下，必须购买该产品的氛围。以下是几个 USP 型定位的案例：

(1)提起 OPPO 手机，大多数人首先想到那句非常经典的广告语——"充电 5 分钟，通话 2 小时"，这便是一个强调功效的 USP 定位。而且，广告语中有数据证明，即使用户半信半疑，也会对 OPPO 的快速充电功效记忆犹新，如图 6-3 所示。

(2)红牛也是使用 USP 定位的高手。早期，为了突出解乏功效，红牛提出口号——"困了累了，喝红牛"，场景非常清晰。之后，因为知名度和影响力有了很大提升，红牛更改口号为"你的能量，超乎你想象"，定位更有情怀。

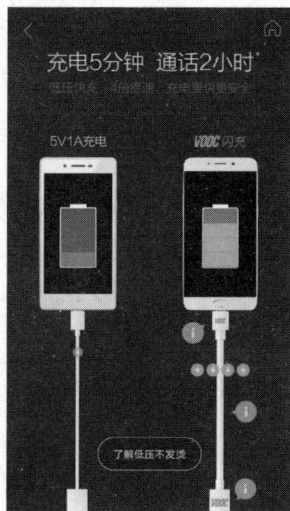

图 6-3　OPPO 手机——

"充电 5 分钟，通话 2 小时"

（3）在定位时，士力架一直强调抗饥饿的功效，并在此基础上提出"横扫饥饿，真来劲"的口号，可谓将 USP 定位的作用发挥到极致，如图 6-4 所示。

图 6-4　士力架——"横扫饥饿，真来劲"

（4）斯达舒有一个流传至今的口号——"胃痛、胃酸、胃胀，就用斯达舒"。在定位过程中，斯达舒先找到合适的场景，明确产品的功效，让用户在出现胃痛、胃酸、胃胀等症状时可以立即联想到产品，这样的定位不仅效果显著，而且省心又省力，能够给用户留下十分深刻的印象。

由于效果十分显著，因此在所有定位方法中，USP 定位方法使用最广泛。其实这样的案例还有很多，例如，vivo 的"逆光也清晰，照亮你的美"、快克的"感冒，让快克出击"等。

总而言之，USP 定位的核心是着眼于某个独特的产品功效，进行概念包装，加深用户的印象，形成强大的竞争壁垒。

4. 升维定位

与竞争性定位相比，升维定位的做法恰巧相反。虽然这两种方法都是以竞争品牌为基础，但升维定位是将品牌直接提升到一个更高的维度，在蓝海市场创造新品类、激发新需求。这样用户就会觉得，该品牌的产品与其他品牌的产品有很大不同，可以带来更高维度的消费体验，久而久之，这个品牌也会成为新品类的代表。

通常而言，升维定位比较适合那些认知基础比较差的初创品牌。因为初创品牌有很大机会可以开辟出新市场，没有必要对标现有竞争品牌，也没有必要着眼于某个独特的产品功效做 USP 突破，完全可以直接朝领导者的方向进发。

在升维定位中，广告语往往要选择一些比较大的字眼，如，"重新定义×××""×××革命"等。从表面上看，这虽然有点空，但效果非常不错，毕竟用户都愿意选择更先进、更独特的产品。当然，也有一些品牌没有创造新品类、激发新需求，而是通过定位升级原有消费，引导用户把消费力转移到自己的产品上，这同样是升维定位的一种。

例如，"互联网＋"电视刚出现时一直没有一个准确的概念，市场前景也不被看好。在小米还没有开发出"互联网＋"电视之前，长虹推出了 CHQ（奇客）、创维推出了创维酷开、康佳推出了 KKTV，但这些品牌没有对"互联网＋"电视这个新品类进行激烈的竞争和抢夺。小米亮相后直接采取升维定位的方法，把自己定位为"互联网＋"电视，用 3 年左右的时间就让市场迅速升温、扩大，夯实了用户的认知基础。

如今，"互联网＋"电视已经成为新一代年轻用户的首要选择，小米也脱颖而出成为受欢迎的品牌。在这些用户心中，"互联网＋"电视与传统电视有很大不同，甚至不属于同一品类，因此，领导品牌也不再是长虹、创维、康佳等传统品牌。

有着悠久发展历史和强大用户基础的传统电视，仅仅几年的时间就被跨界而来的"互联网＋"电视取代，原因可能有很多个方面，但直接升维肯定是相当重要的一个因素。从定位角度来看，直接升维并迅速抢占市场无疑是一个正确的做法，值得广大品牌，尤其是传统品牌学习和借鉴。

但必须注意的是，升维定位的导向应该是用户，而非竞争；升维定位的目的也不是打击竞争品牌，而是创造新品类，激发新需求。此外，在进行升维定位时，企业不仅要有长远的市场眼光，还要具备缜密的战略格局，这样才可以让全新的品类和需求延续下去。

实际上，企业很难用几个字的口号明确表示自己的定位，但不得不承认的是，一个好的定位方法，可以引导出既简单又易懂的口号。例如，"小饿小困，来点香飘飘""今年过节不收礼，收礼只收脑白金"等。

第7章

设计品牌名，
打造如雷贯耳之势

如果你是一个品牌人，不妨问一下自己，你印象深刻的品牌有哪些？这些品牌为什么令你印象深刻？答案非常明显，能使你印象深刻的品牌一定有便于记忆的名称，如京东、李宁、娃哈哈等。企业要站在消费者角度感受消费者的心理和处境，打造一个好的品牌名，建立一个记忆点，与消费者产生更紧密的联系。

7.1　用品牌名引爆用户认知

美国营销大师阿尔·里斯认为"从长远角度来看，对于企业而言，品牌名非常有用。"虽然品牌名不能直接为企业创造价值，也不能带来丰厚的盈利，但如果企业的品牌名朗朗上口，容易被消费者记住；如果企业的品牌名隐藏了企业的商业理念，那么这个品牌名同样可以产生意想不到的效果。

优秀的品牌名应该与品类相关联，暗示产品属性，并引发高价值联想。例如，原麦山丘（面包）、一条（短视频）、40秒（认识最疯狂的商业天才）、最强大夫（优质医生）、农夫山泉（天然矿泉水）、未来驾驶（新科技汽车媒体）等，都是非常优秀的品牌名。

此外，品牌名也是认知爆裂的一个工具，可以让品牌在激烈的市场竞争中抢占先机，还可以进一步增强品牌的议价能力。虽然大多数企业都知道品牌名的重要性，但取一个合适的品牌名没有那么简单，如果不小心走进以下几个误区，就会使品牌效果极大降低，如图7-1所示。

1. 一味地追求含蓄和神秘

追求含蓄和神秘可以营造一种"犹抱琵琶半遮面"的感觉，但在海量信息的不断冲击下，一个简明扼要的品牌名更容易获得用户的喜爱和认可，而那些不知所云、模棱两可的品牌名，则很难引起关注。所以，企业取的品牌名一定不要太复杂，要尽量简单、精练。

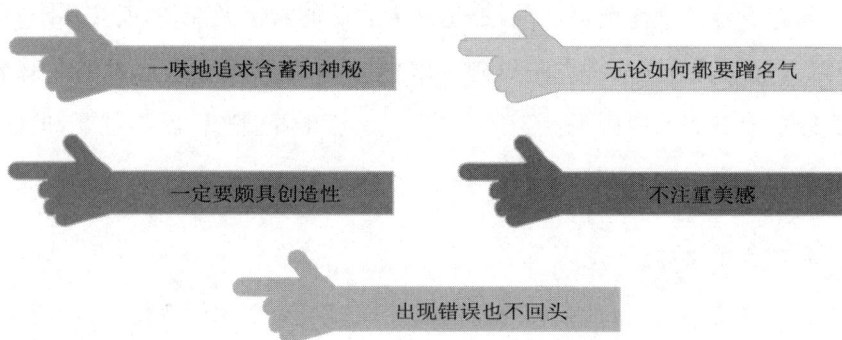

图 7-1 取品牌名的误区

2. 无论如何都要蹭名气

老干妈火爆后，有些品牌为了蹭它的名气，将自己命名为"老干爹""老干娣""老干娘""老干爸"等，这些品牌可能以为自己也能立刻风靡全国，实际上却沦为笑柄。同样，周大福这一珠宝品牌出现后，也接连出现很多相似的品牌，如李大福、刘大福、周大宝等，但这些品牌也没有在市场上打响。

实际上，企业在取品牌名时，蹭名气的行为随处可见。这样的行为虽然可以短时间对用户产生影响，但正所谓"骗得了一时，骗不了一世"，蹭名气的品牌名经不住市场的推敲，而且这种不纯正的出身会严重阻碍品牌的成长和发展。

3. 一定要颇具创造性

取品牌名的最大误区就是力求创造性。有些企业为了展现品牌的高端、独特、内涵，在品牌名中加入一些看似很有创造性的字词，如叱石成羊、犇、鱻、尭等。但是，这样的品牌名不仅会让用户摸不着头脑，还会影响传播的效果和效率。因为当用户无法充分理解品牌名时，通常很难对该品牌留下深刻记忆，也就不能很好地将品牌传播出去。

品牌所做的全部前提活动，都是在为之后的营销做准备，而在移动互联网时代，营销的最终落脚点是口碑。试想，一个理解都非常困难的品牌名，怎么能形成良好的口碑呢？当然，这并不是意味着创造性就不重要，但如果没有把握好度，就只能起到反作用。

4. 不注重美感

随着时代的发展，社会环境与过去相比有了非常大的变化，用户的文化水平和审美情趣也越来越高。在这种情况下，如果品牌名低端、普通，没有任何美感，就很难赢得用户的青睐。

5. 出现错误也不回头

出现错误不可怕，但出现错误不及时改正、知错犯错的做法则不提倡。有些品牌用词不当或含有负面信息，遭到消费者强烈的抵制和吐槽。即使如此，这些品牌迷不知归，坚持使用之前的品牌名，希望通过不懈努力，利用各种营销手段挽回自己的形象。对于用户来说，放弃一个品牌要比坚守一个品牌更简单。所以，如果品牌名真的出现错误，那么除非企业有强大的实力和雄厚的资源，否则必须改掉这个品牌名，以重新获得用户的认可和信任。

7.2 五种品牌名取法，总有一种适合你

在品牌策略中，为品牌设计语言钉是一个必不可少的环节。一个好的品牌名就是一个天然的语言钉。企业要想让消费者牢牢地记住品牌，就应该取一个好记、易懂的品牌名。大家可以参考一些很有潜力的新零售企业

的品牌名，见表 7-1。

表 7-1 新零售企业的品牌名

序号	品牌名	行业标签
1	盒马鲜生	生鲜 O2O 服务平台
2	苏宁小店	苏宁自营便利店
3	小米之家	小米生态链
4	每日优鲜	生鲜的特卖网站
5	便利蜂	新型 24 小时连锁便利店
6	7FRESH	京东线下生鲜超市
7	天猫小店	社区的线下天猫店
8	超级物种	主打餐饮＋超市新形式
9	掌贝	店铺智能营销
10	美莱	农蔬电子商务网站

品牌命名的方法主要包括以下几种，如图 7-2 所示。

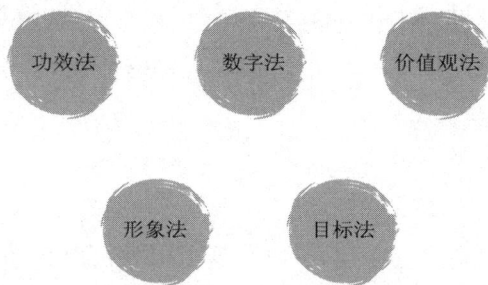

图 7-2 品牌命名的方法

1. 功效法

在掌握产品功效的基础上取品牌名就是功效法，该方法可以让用户通过品牌对产品功效产生理解和认同。例如，脑轻松营养口服液可以使用户知道其功效是"健脑益智"；飘柔使用户知道其洗发水有"使头发飘逸、柔顺"

的功效。诸如此类的还有泻痢停、海飞丝、纤体、郁美净、感康等。

2. 数字法

数字法，顾名思义就是用数字作为品牌名，该方法可以借助用户对数字产生联想，充分展示品牌的优势和特点。例如，便利店 7－11 就是利用营业时间从早上 7 点到晚上 11 点的特点而命名；三九药业的含义是"3 个久"，即健康长久、事业恒久、友谊永久，表现出对自己和用户的祝愿。

001 天线、三星、555 香烟、不二家、361°、五芳斋、六个核桃等，都是使用数字法取品牌名的典型案例。可以说，使用数字法取品牌名，有利于进一步优化用户对品牌的差异化识别效果，降低用户的认知成本。

3. 价值观法

企业在使用价值观法取品牌名时，需要先将品牌的价值观凝练为简洁的语言，再形成品牌名。这个方法使用户一看到品牌名，就能迅速感知品牌的价值观。例如，兴业银行充分展示了对"兴盛事业"的追求；同仁堂借助品牌名强调"同修仁德，济世养生"的价值观；舒肤佳致力于"让用户的皮肤更舒服"。

4. 形象法

形象法就是在品牌名中加入形象，这个形象可以是动物、植物，也可以是自然景观。例如，七匹狼将狼加入品牌名，不仅营造一种狂放、勇猛的感觉，还可以让用户联想到《与狼共舞》电影。诸如此类的品牌名还有途牛、飞猪、天猫、大白兔、迷鹿、网易考拉等。借助动物、植物、自然景观等形象，可以让用户产生联想，对品牌有亲切感，加快认知速度。

5. 目标法

目标法需要将品牌名与目标用户联系在一起，增强目标用户对品牌的

信任感和认同感。例如，太太药业是以生产、销售女性补血口服液为主业务
的品牌，一看到这个品牌名，我们瞬间就可以知道其目标用户是已婚女性。

提起太子奶，我们可以马上联想到其目标用户是天真烂漫、被家人视作
"太子"的婴童。与之相类似的还有好孩子童车、乖乖零食、娃哈哈儿童
奶等。

商务通的目标用户是那些在商场上叱咤风云的企业家，因为该品牌名
与目标用户高度契合，所以创造了一个难以磨灭的品牌奇迹。由此可见，使
用目标法取品牌名，不仅能获得目标用户的喜爱，还能大幅度提升传播
效率。

7.3　再优秀的品牌名也需要不断创新

正确的方法造就优秀的品牌名，但如果不注重创新，品牌名就会逐渐失
去吸引力。企业应该如何创新自己的品牌名呢？要想解决这个问题，关键
就在于让品牌名具备以下特征，如图 7-3 所示。

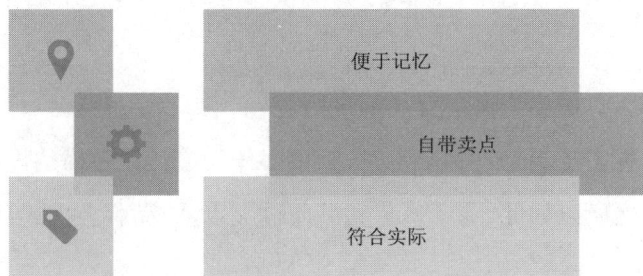

便于记忆

自带卖点

符合实际

图 7-3　一个优秀的品牌名应该具备的特征

1. 便于记忆

综观那些比较著名的品牌，名称都朗朗上口，便于记忆，而且一般不会超过 5 个字。以近几年非常火爆的电商平台拼多多为例，"拼"与该平台团购的性质相契合，"多多"是叠词，既朗朗上口，又便于记忆，而且还蕴藏着团购产品可以得到更多优惠的含义。

此外，加入一些用户比较熟悉的事物也是增强记忆的一个好方法。如果企业可以将事物与量词组合在一起，就会产生更强大的效果。

下面以三只松鼠为例进行说明。

在三只松鼠中，"松鼠"是用户比较熟悉的事物，但如果只有这两个字，就很容易让用户产生误解，而且企业在进行相关注册时也会非常困难，增添"三只"这个量词，可以增加用户心中的场景联想。

在听到三只松鼠这个品牌名后，用户可能在第一时间联想到三只松鼠在吃坚果的场景。用户如果想吃坚果，也可能在第一时间就联想到"三只松鼠"，从而产生购买行为。

2. 自带卖点

一个优秀的品牌名往往自带卖点，可以在很大程度上减少用户对品牌和产品的了解成本。例如，真果粒、果粒橙、鲜橙多等品牌名能够以最快的速度让用户知道，产品含有丰富的果粒和新鲜的水果，使用的全部是真材实料。

接下来以鲜橙多为例进行详细说明。

在饮料种类还不是特别丰富时，鲜橙多作为橙汁饮料横空出世，并获得迅猛发展。之所以如此，除了口味和品质过关以外，品牌名也起到特别大的作用。

"鲜"代表鲜美；"橙"意味着这是一款橙汁饮料；"多"则是指原材料橙放

得多。如果将这三个字综合起来，那就是鲜橙多是一款放了很多原材料，口感十分鲜美的橙汁饮料。这样的品牌名不仅自带卖点，还容易吸引用户。

与鲜橙多风格相类似的品牌名还有很多，例如，英国汽车品牌捷豹利用品牌名让用户深刻感受汽车的速度和力度；日本护肤品牌雪肌精，主要生产的是美白产品，而雪肌精就是向用户传达这样一个信息：使用我们的产品，你就可以拥有雪一样精致的肌肤。

3. 符合实际

企业在取品牌名时要以品牌和产品为核心，切忌脱离实际。试想，如果一个生产和销售花生油的品牌，有一个特别高端、文艺的品牌名，会产生比较好的效果吗？不仅不会，还容易让用户产生误解。

综合来看，如果企业想取好品牌名，除了要掌握一些常用的方法，还要在结合实际情况和市场需求的基础上适当发挥创意。只有这样，品牌名才可以达到一"名"惊人的效果，赢在起跑线。

第 8 章
讲述品牌故事，
为品牌注入"灵魂"

　　《人类简史》中提到，人类之所以能够在危机四伏的大自然中，结合成群体并不断进化，原因是人类有共同的信仰。也就是说，共同的信仰让人类形成社群，得以生存，而这些信仰慢慢变成一个个鲜活的古老传说流传下来，最终形成人类的神话故事。这些神话故事的流传范围极广，流传时间也极为长久。如果将这个特性应用在品牌塑造的过程中，就可以理解为创造一个故事传播品牌，达到用品牌叙事的效果，使用户对品牌产生深刻的记忆。

8.1　故事是传播品牌的绝佳方式

以故事为载体的传播形式能够吸引大量粉丝，这些粉丝的转化率非常惊人。在新媒体时代，比较流行的一个营销手段就是跨界联合，即把品牌、产品与漫画、小说、电影等各种形式的故事结合起来，使故事的粉丝转化为品牌的粉丝。

很多知名品牌都有一个与品牌紧密结合的故事。一个品牌一旦有了故事，就能够超脱品牌和产品的束缚。在这种情况下，即使不是产品的消费者和使用者，也能在故事传播过程中转化为品牌的潜在消费者。小米创始人雷军的故事和小米的品牌一起在故事传播过程中被无数人接受，大量的潜在消费者也在故事的受众中产生。

在大量实践中，我们逐渐发现，故事是传播品牌的最好方式。企业要想讲好一个故事，就需要考虑故事的各要素，并针对各要素完善故事。好的故事一定能够使听众产生共鸣。企业如果想通过一个好的故事将品牌信息传递给消费者，就需要与消费者产生共鸣。而要让消费者听到故事并产生共鸣，企业在讲故事时应该注意以下三点：

1. 背景真实化

将故事的背景尽可能放置在真实的生活环境中，把故事发生的背景描述得更贴近消费者的生活环境，让故事的受众感到故事是真实的，是贴近现实的。例如，读客的创始人华楠的故事就从他小时候的艰辛经历讲起，这样贴近现实的故事背景有利于让受众接受并代入自身。

2. 人物模糊化

放弃一部分人物设定，不需要将人物的能力、经历、性格描述得太详细。人物描写得太具象，虽然能够使人物形象更鲜明，但可能使没有经历这些事的受众感到迷惑，降低亲切感和代入感。

很多知名企业在讲故事时就注意到这一点。例如，腾讯在讲创始人马化腾的故事时，就弱化了他的专业技术能力，而是着重讲述他不折不挠、努力奋斗的经历，这样能够使故事的受众更好地代入故事中，有利于故事的传播和品牌的推广。

3. 情节的借鉴性

大多数故事不是独一无二的，可能拥有相似的情节，这些情节大多借鉴了普通人的事。很多互联网企业的故事很相似，这些企业也借鉴了生活中的某些情节，将这些情节化用到故事中，这样不仅能够使故事更具可看性，也能让受众产生共鸣，增强对品牌和企业的好感。

能够让受众产生共鸣的故事就是好故事，也就是说，如果企业可以利用以上三点，对故事进行组织和创作，让故事能够引起消费者的共鸣，就有利于品牌形象的树立和传播，也有利于消费者熟知并记住品牌。当然，故事的受众即使不能成为品牌的消费者，也能成为故事的传播者，同样能够提升品牌的影响力和竞争力。

8.2 重学 SCQA 模型，讲好品牌故事

麦肯锡咨询顾问芭芭拉·明托在《金字塔原理》一书中，提出了一个"结构化表达"工具：SCQA 模型。相信大家对于经典广告语："今年过节不收礼，收礼只收脑白金"，都不陌生，这句广告语加上欢乐的唱腔和有趣的动画，虽然时隔已久，但依然让人们记忆犹新。而这句广告语就运用了 SCQA 模型。

S(Situation)情景或场景。企业可以描述一个大家都遇到过的情景或者一个身边常见的场景，拉近产品与用户的距离。

C(Complication)冲突或矛盾。电影中要塑造一个英雄，就必须先有一个反派，如果没有反派的衬托，英雄的形象就不够立体。品牌讲故事也是如此，只有产生冲突，才能让故事直击人心，也才能够顺理成章地引出后面的内容。

Q(Question)问题。企业可以通过情景代入和矛盾的发生，剖析受众的痛点，让受众产生怀疑："我"到底该怎么办呢？

A(Answer)答案。在刻画场景、制造矛盾、提出问题后，企业应将营销卖点作为问题的解决方案提供给用户。

我们将脑白金的广告语套入 SCQA 模型。

情景或场景(Situation)：过节收礼。

冲突或矛盾(Complication)：不收礼和收礼。

问题(Question)：如果收礼的话，收什么礼？

答案(Answer)：只收脑白金。

用一句话概括 SCQA 模型应该是这样的：在一个场景（S）下发生了冲突（C），从而引出问题（Q）和解决方案（A）。那么，企业应该如何灵活地运

用 SCQA 模型呢？既然是为品牌叙事，情节就应该展示品牌的核心价值，要有较强的逻辑性。企业可以基于以下六个问题设计故事情节，突出品牌的逻辑性：

（1）这是一个什么样的品牌？

（2）品牌的竞争力在哪里？

（3）创始人为什么要打造这个品牌？

（4）创始人的优势是什么？

（5）企业可以为用户提供什么产品或服务？

（6）现在企业已经做出什么样的成绩？

企业通过对这些问题的解答，让用户可以评估品牌的专业能力，以及产品或服务是否与自己的需求匹配，更重要的是，用户可以判断自己是否认同品牌的价值观。当产品、服务、品牌的价值观都特别符合用户的需求时，用户对品牌的好感度会进一步提升。所以，企业要在叙事过程中融入重要信息，更好地帮助用户做出消费决策。

符合 SCQA 模型、能够让用户产生共鸣的故事就是好故事。企业要从情景或场景、冲突或矛盾、问题、答案、情节、人物等方面入手对叙事过程进行组织和优化，让故事能够更好地吸引用户，促进品牌形象的树立和传播，这样也有利于用户熟知并记住品牌，让用户成为故事的传播者，进一步扩大品牌的影响力。

第 9 章

巧妙借势，助力品牌一炮而红

　　市场上的品牌不计其数，有些品牌一炮而红，而有些品牌则很快石沉大海。如何在激烈的市场竞争中脱颖而出，让自己的品牌一炮而红，而又不需要高昂成本呢？一个有效的方法就是借势，如借势热点、借势企业家、借势节日和节目等。

9.1 借势热点，赋予品牌加速器

低成本建立品牌的一个方法是借势热点。何谓热点？就是近期发生的、具有很大影响力的事件。在品牌建立的过程中，热点能够为企业、产品带来广泛关注，进一步提升影响力。

热点可以是社会新闻，也可以是娱乐新闻，企业要根据所处的领域做出合理选择。例如，专营运动服装品牌的企业可以多关注一些体育界的新闻，从中寻找热点。在使用热点为品牌加速时，企业要多关注权威的、带有热点的平台，如微博、今日头条、新榜等。

（1）微博会根据用户对某些话题的点击量形成一个热搜榜单，这个榜单就是热点的来源。此外，微博还对热门微博分类，这样大家就可以根据自身所处领域有针对性地寻找合适的热点。

（2）今日头条有一个专门推送热点的栏目，还有一个名为 24 小时热闻的窗口，它们都可以成为企业追踪热点的工具。

（3）新榜的定位是内容创业服务平台，比较适合想通过自媒体，如微信公众号、抖音、视频号等做宣传的企业。新榜包括周榜、月榜等栏目，可以帮助企业更好地掌握整个行业的动态。新榜还可以帮助企业积累素材，让企业借助优质内容宣传品牌和产品。

企业寻找到合适的热点后，接下来的任务就是利用热点宣传品牌和产品，具体应该从以下三个方面着手，如图 9-1 所示。

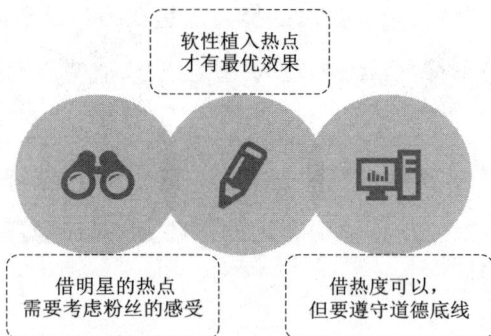

图 9-1　巧借热点应该注意的三个方面

1. 软性植入热点才有最优效果

品牌在借势热点时，创意非常重要，同时要给消费者一种自然、舒适的感觉。如果直接做硬性植入，或者选择与自己不合适的热点，就可能产生东施效颦的效果。例如，一个专门销售中老年服装的品牌如果执意要借"国潮"的热点，那么可能很难促进销售，因为中老年消费者更看重服装的舒适感和价格，对是否有"国潮"元素不是那么在意。

2. 借明星的热点需要考虑粉丝的感受

之前有两个明星在微博上争论，双方各执一词，谁也不肯退让。随后某企业通过自己的官方微博发表一篇文章，支持其中一个明星。然而，另一个明星的粉丝群体非常强大，该企业没有照顾到这些粉丝的感受，一味地想蹭热度，结果遭到他们的集中攻击，导致企业形象受到影响，得不偿失。

3. 借热度可以，但要遵守道德底线

所有企业都可以蹭热点，但绝对不能不择手段、随意造谣、违背道德底线。企业要想让消费者支持自己，首先得优化自己的形象，要打造价值观正确、弘扬正能量的品牌。企业付出的努力都是在为自己积累价值，如果仅为了一时的热度做出不符合常理的行为，就会导致消费者对品牌和产品的信任下滑。

其实企业能够蹭到热点当然是好的，但也不需要对蹭热点过度执着。企业在寻找热点、蹭热点时，要用合理的方法、把握好度，否则物极必反，反而可能损害企业形象。

9.2 借势企业家，双品牌共生

企业家的一言一行都在塑造和展现一个品牌的价值观，经典黑色 T 恤搭配牛仔裤的史蒂夫·乔布斯、永远一副学生模样的马克·扎克伯格、不知疲倦的"钢铁侠"埃隆·马斯克，还有又拽又酷的埃文·斯皮格尔等，这些著名企业们已经做到了个人品牌化、品牌个人化。这意味着，企业家可以成为品牌的一部分。

"Cool（酷）"是亚马逊创始人兼 CEO 杰夫·贝佐斯的人生关键词，他的招牌动作是：神经质大笑、"暴君"式咆哮。亚马逊也由此形成了 Cool 的公关风格，以及一套"贝佐斯传播理论"：CEO 亲自拿起红笔，在新闻稿、演讲稿甚至产品说明上删去所有他认为不重要的字句，只为给外界传递精简的信息。

作为"90 后"，Snapchat（色拉布）创始人兼 CEO 埃文·斯皮格尔在打造品牌时力求新颖、时尚，这也与他本人爱玩、爱炫的性格有关。出身富贵之家、拒绝 Facebook 收购、迎娶维密超模等一系列标签让他备受争议，也帮助他得到了极高曝光率。斯皮格尔的大红大紫或许昭示着陈旧设定的没落：人们对于成功人士完美的英雄式人设已屡见不鲜，人物形象更加饱满、更具娱乐特质的 CEO，反而让人耳目一新。

马斯克在《钢铁侠 2》中客串；贝佐斯在《星际迷航：超越星辰》中体验了一次上天的感觉；扎克伯格以卡通形象出现在《辛普森一家》中，拿自己的辍学经历开玩笑；Instagram 掌门人凯文·斯特罗姆经常在自己的账号上发布妻子的照片，强化自己爱家的设定；Facebook COO 雪莉·桑德伯格出版书籍《向前一步》，大谈女性力量等。千万不要以为他们只是随便玩，他们是在打造人设。在乔布斯的"Stay Hungry, Stay Foolish（保持饥饿，保持愚蠢）"后，经过专业团队的精心运作，扎克伯格在哈佛演讲的十大金句、马斯克鼓舞人心的创业名言都一度风靡社交网络。

扎克伯格为了经营自己的 Facebook 主页，专门组建一支 12 人的团队，其中包括著名摄影师查尔斯·奥曼尼。除了斟酌推文、清删负面消息、回复评论等日常工作，这支团队还将扎克伯格的个人形象与 Facebook 的公司形象进行巧妙结合。

陈丹青说："真正的精英人士，总能在最简单的事物中挖掘出惊喜，让生活的质感变得与众不同。"扎克伯格的团队在发布业务相关信息的同时，也会发布他的私人生活动态，从女儿学步到妻子的新帽子，与粉丝分享他的各种生活点滴。

作为行走的价值观，企业家的一言一行都跟企业形象、品牌价值观密不可分。人们对大佬们的奇闻轶事津津乐道，而企业则让品牌的目标、使命、愿景等可视化、颗粒化、可感知化，通过企业家生动化、人格化的形象对外传播，成为品牌的接触点（Touch Point），达到事半功倍的效果。企业家被称为企业公关的软实力，这也是为什么越来越多国内企业开始重视企业家包装的原因之一。

9.3　借势节日，赢得粉丝认可

每年的节日是企业品牌宣传的绝佳机会，企业必须提前做好准备，在创意、曝光、玩法、效果等各个方面进行设计，成为品牌战役中的胜利者，用节日为品牌造势，并开展与节日相关的活动，这样也更容易被新粉丝认可和接收。

二十四个节气，以及端午节、国庆节、春节等各种节日都可以作为企业活动的主题。例如，企业可以在母亲节前夕开展一次主题为"为母亲准备一份贴心礼物"的邀请有礼活动，以母爱、亲情作为切入点，增加产品的情感价值，促进产品销售。

一个成功的案例是某企业在每年 11 月 11 日前后整合各种营销模式，联合电商平台、社交媒体对自己的网店和线下店铺进行大范围、集中化的推广。通过这种方式，该企业的销售额逐年攀升，其主推款服装更是受到广大消费者的追捧，值得其他企业学习和借鉴。

节日具有仪式感，能够吸引很多流量，而且与节日相关的文化和情感极易引发共鸣，这些对于企业建立和传播品牌十分有利。节日期间，各大企业都会开展与节日相关的活动。企业在借节日之力开展活动时要突出活动的创意，吸引更多消费者的目光。

9.4　借势节目，持续曝光

企业选择与热度比较高的节目合作，通过冠名提升知名度也是推广品牌的方法之一。但是，这种方法企业需要慎重选择合作节目，因为在内容为王的时代，单纯的冠名、捆绑节目很可能让品牌传播效果大打折扣。企业只有让品牌与冠名的节目建立强联系才能向消费者传递品牌理念，为品牌打造良好口碑。

海澜之家是男装领域的领导品牌，基于对自身定位的清晰认知，侧重于合作知名度高、粉丝基数大，且与品牌理念相契合的节目。海澜之家通过数据分析，结合消费者的需求，重点选择中央电视台以及一线卫视平台的节目合作，并与这些节目建立强关联，将品牌理念植入自己冠名的节目，例如，海澜之家赞助 2021 年中央电视台春晚，为数千名表演人员提供服装，如图 9-2 所示。

图 9-2　海澜之家赞助 2021 年中央电视台春晚

海澜之家凭借在节目中高频次地出现，让自己的品牌理念深入人心，强化了受众对品牌的认知，将节目的粉丝受众转化为自己的消费群体，促进了销售增长和品牌传播。

海澜之家根据消费形势借助热门节目推广品牌，而且不随波逐流，变革了之前生搬硬套的冠名方式，以内容为王，选择符合品牌理念的节目冠名，将产品的内涵深度植入节目，与节目合而为一，向广大粉丝展示了海澜之家的企业形象，促进了受众的转化，推动产品销量的增长和品牌的大面积宣传。

　　在产品同质化激烈竞争的环境中，企业为节目冠名和赞助的营销方式已经不再新鲜。在碎片化时代，受众的注意力在一定程度上被稀释，企业如果只是选择热门节目冠名，而不注重在内容上与节目建立强联系，就很可能被受众忽视，造成营销投入的浪费。

第 10 章

紧跟趋势,围绕
分化策略建立品牌

在新消费时代,用户的思维、习惯,以及行为都与之前有了很大不同,所以,企业要想让品牌获得用户的认可和喜爱,就必须把握新消费时代的趋势,围绕分化策略建立品牌。分化策略无论是在提升知名度和影响力方面,还是在吸引用户方面,都发挥着重要的作用。

10.1　一切都要从品牌的起源讲起

品牌起源于古斯堪的纳维亚语 brandr，意思是"燃烧""烙印"。这个词最早被使用，据说是因为两个牧民在同一片草原放牧，在放牧过程中，两家的牲畜常常混在一起，难以区分。后来，这两个牧民想出一个办法，用烙铁在各家的牲畜身上烙上不同形状的符号。随着时代发展，品牌也慢慢衍生出更深层次的内涵。意大利人在 1200 年在纸上使用品牌水印；1266 年，英国法律要求面包师在每一款面包上做标记，目的是如果发现商家缺斤短两，消费者马上就可以知道是谁。

从品牌起源的故事和最初的使用场景不难看出，品牌实质上是刻意构建的一种差异化符号，用来区分不同的事物。随着品牌的不断演化，这种差异化符号从最初简单的图形发展成包含图形、文字、色彩、声音、气味等诸多元素的一整套符号体系。

1960 年，美国营销学会（AMA）给出了品牌的定义：品牌是一种名称、术语、标记、符号和设计，或它们的组合运用，借以辨认某个销售者或某销售者的产品或服务，并使之同竞争对手的产品和服务区分开。

艾·里斯先生和劳拉·里斯女士在《品牌的起源：品牌定位体系的巅峰之作》一书中指出：商业发展的动力是分化；分化诞生新品类；真正的品牌是某一品类的代表；用户以品类思考，以品牌表达；品类一旦消失，品牌也将消亡。企业创建品牌的正道是把握分化趋势，创新品类，创建新品牌；发展品类，壮大品牌，以多品牌驾驭多品类，最终形成品牌大树。

现代营销学之父菲利普·科特勒在《市场营销学》一书中对品牌进行了定义。他认为，品牌是销售者向购买者长期提供的一组特定的特点、利益和服务。品牌是给拥有者带来溢价，让产品增值的一种无形资产，其载体是用于跟其他竞争者的产品或服务相区分的名称、术语、象征、记号、设计及组合，其增值源泉是在用户心智中形成关于载体的印象。

品牌承载的更多是一部分人对产品及服务的认可，是一种品牌商与用户之间相互磨合衍生的产物。战略营销专家小马宋认为，品牌是一种信用，但这种信用需要企业持续用行为维护，一旦企业的行为没有维护这种信用，信用就会破产，品牌也就不复存在。

用户之所以忠诚，是因为认可企业过去积累的信用，一旦企业的信用破产，忠诚也就立刻消失。或者说，品牌是企业和用户共筑的一个梦。企业以符号为差异识别，以产品和服务为介质分享某种意义和梦想，用户通过体验和购买建立身份，获得成就感和某种自我实现。

10.2　品牌裂变——创造规模化用户

品牌一旦拥有创造规模化用户的能力，就很可能进步升级，一举成为"独角兽"。同样，在打造品牌的过程中，创造规模化用户也是一个非常重要的环节，这个环节应该如何做好呢？需要从以下几个方面着手，如图 10-1 所示。

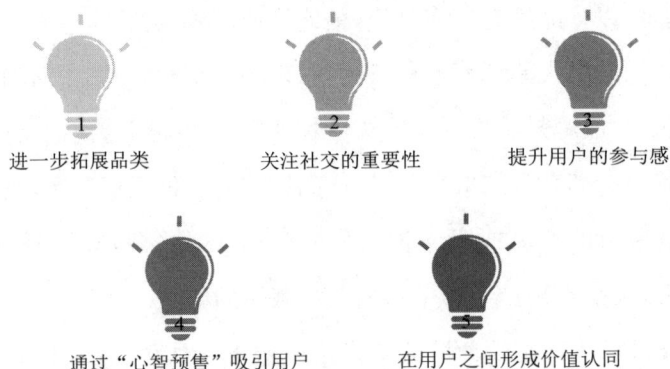

<table>
<tr><td>1 进一步拓展品类</td><td>2 关注社交的重要性</td><td>3 提升用户的参与感</td></tr>
<tr><td>4 通过"心智预售"吸引用户</td><td>5 在用户之间形成价值认同</td><td></td></tr>
</table>

图 10-1 创造规模化用户的几个方面

1. 进一步拓展品类

企业在拓展品类前，首先要对品类进行细分，这项工作有赖于产品经理的嗅觉，需要通过大数据精准预测发展趋势。找到品类特点，确定用户共性后，企业不仅可以开发更多的传播途径，还可以创造新的品类。

例如，网易云音乐曾经根据用户喜好预测出一个新发展趋势——电音内容。当时，国内大多数音乐平台都把重心放在民谣、摇滚等内容上，几乎没有关注电音内容的。于是，网易云音乐迅速抓住这个市场空白，专心做电音内容。现在如果我们在百度上以"网易云音乐 电音内容"为关键词进行搜索，可以看到很多与之相关的文章，如图 10-2 所示。

2. 关注社交的重要性

企业要想创造规模化用户，就要关注社交。首先，企业要通过兴趣点为用户分层，这种分层不是基于用户的喜好、偏爱，而是基于年龄、地域、性别等基本信息；其次，企业要通过大数据为用户做个性化推荐，以此激发用户的归属感和共鸣；最后，企业要制造话题，对话题的颗粒度进行细化，从而达到营销裂变的目的。

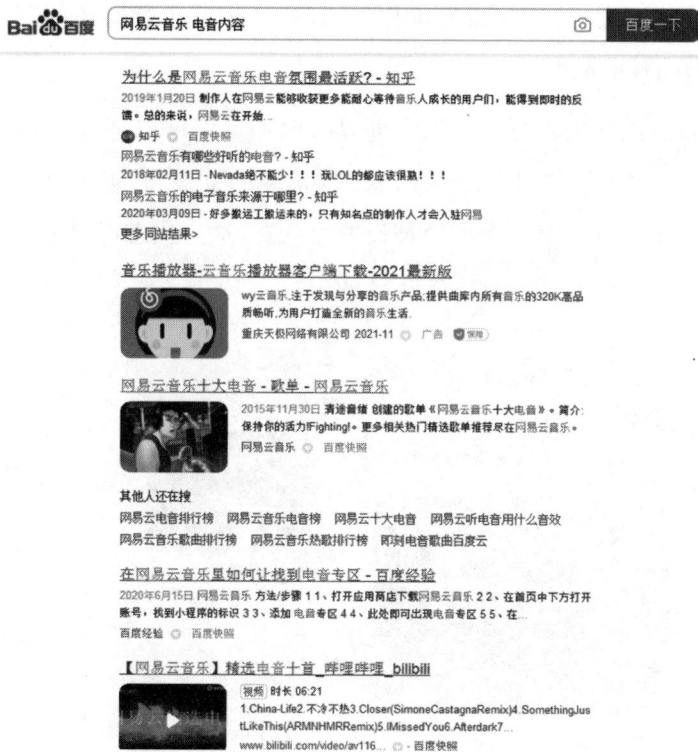

图 10-2　百度上与"网易云音乐　电音内容"相关的文章

3. 提升用户的参与感

在纷繁复杂的营销中，参与感似乎越来越重要。之所以会出现这样的现象，是因为参与感不仅可以增强用户的感知控制，还可以使心理性价值得到进一步提升。众所周知，小米的定位是"走群众路线"，始终致力于将用户参与感提升到极致。

在做 MIUI 的初期阶段，小米创始人雷军表示，要在不花钱的情况下，让 MIUI 的用户达到 100 万。于是，联合创始人黎万强就利用论坛为 MIUI 做口碑、找用户，最终挑选出 100 个非常忠实的"发烧友"。这些"发烧友"不仅可以参与 MIUI 的设计和研发工作，还拥有一个非常有特色的名字——"100 个梦想的赞助商"。

不仅如此，雷军每天都会拿出一部分时间回复微博上的评论（如图 10-3 所示）。小米的工程师每天也要回复大量的帖子。为了让用户有被重视的感觉，小米还特意给每一个回复都设置了状态，这个状态可以展示用户对意见的接受程度，以及回复帖子工程师的 ID。

图 10-3　雷军回复微博上的评论

发展的中期阶段，小米不断加强与用户的联系，希望可以跟他们成为朋友。如果出现用户投诉，小米客服会给用户送上一些小礼物，如钢化膜、手机配件等。此外，小米还赋予用户一项特殊的权力，就是让一部分用户组成"荣誉开发组"，让他们试用还没有正式发布的产品，这样的做法不仅有利于激发用户的责任感和荣誉感，还有利于提升用户的参与感和积极性。

4. 通过"心智预售"吸引用户

品牌因用户而存在，其经营成果的最终表现是实现用户的价值。在最初阶段，品牌的产品和理念没有太大影响力，无法对消费决策产生影响。这时企业最应该做的就是，找到用户，想尽一切办法在恰当的时间、合适的地点出现在用户的视野里。

品牌一旦形成就可以发挥很多作用，其中最关键的作用就是引导用户的选择，实现"心智预售"，即让用户在没有看到产品时就已经决定了要购买的品牌。例如，在看到洗发露前，用户可能已经决定要购买海飞丝和潘婷这两个品牌了。

还没有真正付款，用户就已经做好消费决策，这就相当于预售，只不过这个预售更多地体现在心智上。可以说，"独角兽"之所以会成为"独角兽"，就是因为借助品牌的力量，实现了"心智预售"，并由此创造出规模化用户。

5. 在用户之间形成价值认同

随着消费的不断升级，用户对产品的需求正在从物理层面转向情感层面。因此，品牌有必要在用户之间形成价值认同。星巴克为什么能在激烈的市场竞争中保持自己的优势并实现利润增长呢？因为用户对它的价值认同。

星巴克董事长舒尔茨说："星巴克卖的不是咖啡，而是服务和体验。"这句话从侧面反映了星巴克从一个普通咖啡店变成一个文化象征的重要原因。在快节奏时代，人们需要一个非正式的公开场所，把工作和家庭的烦心事暂时放到一边，放松地聊聊天。

从空间布局设计，到引导用户，再到杯型的命名，星巴克始终围绕社交元素，致力于营造一种"我存在"的氛围。实际上，星巴克的咖啡没有特别高的绝对价值，但它象征精致生活，是大都市白领生活方式的缩影。

价值认同贯穿品牌战略、品牌定位、核心价值观、内容建设、企业领导、品牌推广中的许多方面和环节。价值认同的最高境界就是，唤起用户所支持甚至热衷的价值观和信仰。

对于品牌来说，用户是必不可少的效益中心。甚至可以说，一个品牌的价值高低不在于它有多广泛的关注度、多大的影响力，而在于它可以吸引多少用户，要知道，是用户构成了品牌生存和发展的根基。

10.3　发展品牌离不开 STEPPS 法则

企业应该找到产品与消费者之间的连接点，通过建立诱因联系，激发消费者的联想，让消费者自觉传播品牌。为了更好地指导企业，美国宾夕法尼亚大学沃顿商学院教授乔纳·伯杰提出 STEPPS 法则，该法则囊括发展品牌的六个要点，如图 10-4 所示。

S	社交货币（Social Currency）
T	诱因（Trigger）
E	情绪（Emotion）
P	公共性（Public）
P	实用价值（Practical Value）
S	故事（Story）

图 10-4　STEPPS 法则

S:社交货币(Social Currency)

社交货币是指社交活动的必备条件，通俗来讲，社交货币包括提供谈资、表达想法、帮助消费者、展示形象、促进比较五个部分，这五个部分构成一个循环过程。在这个过程中，企业要了解并满足消费者的需求，营造消费者渴望的品牌形象，让他们愿意与企业站在同一条战线上，使企业可以从中获得流量和消费者的信任。

T:诱因(Trigger)

诱因是建立一个与周围环境相关的专属连接，让消费者将产品与生活中的某个场景联系起来，激发消费者对产品的购买欲望。例如，安踏是知名运动服装品牌，以"永不止步(Keep moving)"为理念(如图 10-5 所示)，在消费者心中营造一种场景：如果你爱运动或者需要长时间运动，就选择安踏的产品。安踏将运动的场景与自己的品牌建立一种专属连接，让消费者在运动时联想到该品牌，并产生购买意愿。

图 10-5　安踏宣传图

E:情绪(Emotion)

所谓情绪，就是引起消费者的情感共鸣，以情感驱动消费者购买。情绪有正向情绪和负向情绪，见表 10-1。

表 10-1 正向情绪 VS 负向情绪

正向情绪	敬畏、愉悦、幽默、兴奋、惊喜
负向情绪	生气、担忧、焦虑

企业可以通过预期效应激发消费者的惊喜情绪，为消费者提供超预期的额外服务和小礼品，创造"惊喜时刻"的体验，建立与消费者之间的情感连接，给消费者留下好的品牌印象。例如，企业可以为购买裙子的消费者赠送腰带、项链等配饰，激发消费者的兴奋点，促使他们主动为品牌做口碑传播，让品牌进一步增值。

P：公共性（Public）

公共性是指人们具有从众和模仿心理，这种心理能够对购买决策产生影响，甚至引发集群效应。因此，企业要营造一种"大多数人都在买"的氛围。例如，在网上跟消费者沟通时，我们可以这样说："这件衣服的销量是最好的，款式也是今年流行的，很多人都已经下单了，您就不要犹豫了。"这时消费者会对衣服有比较强的信任感，从而产生购买行为。

P：实用价值（Practical Value）

只要产品对自己有帮助，消费者就愿意将这个产品介绍给其他人，由此使品牌传播开。例如，某网店在自己的商品详情中介绍一款新面料——莫代尔，将这款面料的特点和优势展示给消费者，以吸引消费者购买，如图 10-6 所示。

该网店在一定程度上应用了面料的实用价值，通过全方位展示莫代尔让消费者感到衣服的质量是有保障的，使消费者愿意购买。

图 10-6　某网店对莫代尔的介绍

S：故事（Story）

人们喜欢听故事，故事不仅可以将产品或者品牌置于某种情境中，还可以帮助讲故事者潜移默化地向消费者传递情感。企业应该精心策划自己的故事，包括结构、矛盾点、案例等，学会在故事中注入产品，从侧面宣传品牌。

在信息大爆炸时代，消费者对广告通常有比较强的免疫能力，这就要求企业通过 STEPPS 法则让产品、品牌进入消费者的心中，从而不断提升自己的影响力。

第 11 章
学会避坑，初创品牌
必须警惕六大雷区

如果将品牌比喻为人类，那么讨论品牌的生而不凡，就相当于讨论人类应该有什么样的基因才可以变得优秀。正如有些刚出生就不幸夭折的婴儿一样，企业也有可能刚创立就遭遇失败。本章为大家总结初创企业建立品牌失败的六条教训，帮助大家避雷。

11.1　产品脱离用户需求

用户在选择某个品牌时，可能关注某个或某些重点。例如，购买海飞丝，关注的是它的去屑功能；购买王老吉、加多宝，是因为这两款凉茶有降火的功效。这些品牌抓住了用户关注的重点，充分满足用户需求，使产品得到很好的传播和推广。

企业对用户需求的满足情况在很大程度上决定品牌的影响力。当行业中已经出现领导品牌时，企业应该做的是找到用户需求，基于这个需求设计产品，让产品成为品牌的象征。

滴滴出行从 2012 年 9 月 9 日上线以来，从无到有地改变了人们的出行方式，它涵盖出租车、专车、快车、代驾、大巴等多项业务，打通了出行 O2O 闭环，逐渐发展为全球最大的移动出行平台。

打车作为主流出行方式之一，具有耗时短、行程自由、舒适但价格较高的特点。当时的出租车经常出现乘车高峰时段打车难、偏远地区打车难、等待时间未知、风险高等问题，不能很好地满足用户需求。作为一款面向大众市场的出行产品，滴滴出行立足于出租车的这些痛点，在市场上稳打稳扎，以满足人们出行的打车需求。

滴滴出行坚持为用户提供高效打车服务，解决用户在高峰期、天气不好、深夜等情况下耗费很长时间打车，甚至打不到车的问题。相关调查显示，打车类 App 运行后，用户的等车时间由 9.3 分钟缩短到 6.7 分钟，平均减少 2.6 分钟，出租车行业的效率提高大约 27%。

打车产品不仅可以满足用户的基本需求，解决用户打车难、出租车空驶率高等问题，而且可以增加打车市场的交易量与消费额。有一部分需要打车的用户有经济实力，对舒适体验的要求更高，有能力且愿意为更高端的打车服务买单。因此，滴滴出行上线专车服务，致力于开创高端市场。

滴滴出行将高端用户与普通用户、应急需求与计划需求区分开，在不对打车市场的交易量造成负面影响的情况下，全面开展专车服务。专车服务的出现迅速吸引一大批因为不喜欢低端服务而不打车的用户，提高了滴滴出行的交易额。

目前滴滴出行的用车时间已经由最初的"即时"服务扩展到"预约""接送机"服务，同时还增加了提前 2 小时预约儿童座席的提示，其中的接送机服务可以查询用户的航班信息，提示用车时间，为用户提供即时打车服务，既方便又快捷。

在线上出行平台普及前，打车领域存在乘客与司机信息不对称的情况。例如，低峰时段乘客少出租车资源闲置无法匹配，而高峰时段出租车资源不足等。滴滴出行根据这些问题，不断丰富自己的功能，如图 11-1 所示，短短几年时间发展成为打车行业的翘楚。

随着滴滴出行的功能不断增多，其支付方式也在发生变化。滴滴出行刚推出微信支付功能时，其客户端下载量明显上升，用户极速增长，但随之而来的是各种各样的问题：司机太少、用户打不到车、市场竞争激烈、用户流失等。

面对这些问题，滴滴出行调整重心为增加司机数量，减少用户流失，通过补贴司机、上线"邀请好友加入""文本叫车"等方式，将关注点转向用户增长，重视用户的使用体验，同时对基本功能进行优化。通过本阶段的探索、产品打磨与运营，滴滴出行拉开与各大竞争对手之间的差距，为自己的后续发展和业绩增长奠定基础。

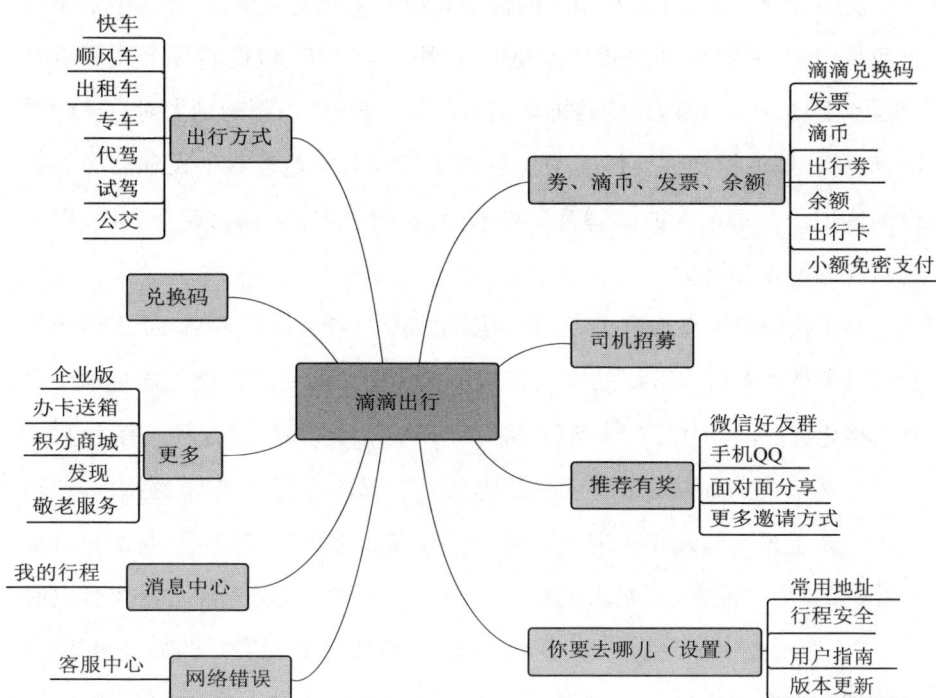

图 11-1　滴滴出行的功能图

在用户还没有明确自己的需求时，滴滴就已经上线相应的功能，先用户一步解决问题，这是在进一步深化产品在垂直领域的发展。企业在进行品牌管理时，也应该遵循同样的道理，紧紧抓住自己的特性，不断在垂直领域深化，比用户更聚集，找到并尽量满足用户需求，更精准地吸引目标群体。

11.2　没有人设，陷入失去品牌"灵魂"的困境

美国社会学家，符号互动论的代表人物欧文·戈夫曼在《日常生活中的自我呈现》一书中写道："社会就是个大剧院，必要时刻我们每个人都需要'带妆'上场，用一些巧妙的修饰丰富自己的形象，从而影响别人对自己的看法，或更好地捕捉到你要传递的信息。"这可以形象地表达个人和品牌立人设的底因——每个人或品牌都试图通过选择性的形象输出树立人设，以展现自身的特点和魅力。

新生代用户更喜欢有个性、有温度、没距离、能互动的品牌，而人设正是通过赋予品牌人格化特征的方式实现了这些用户的要求。企业通过赋予品牌人格化特征，与用户建立情感连接，让用户感受到品牌是有温度、有个性的。

这其中一个重要的前提就是品牌"要说人话"，要有人的情感特征，让粉丝产生亲近感。这几年表现抢眼的品牌基本都是能"放下架子"与用户打成一片的品牌。"说人话"要求企业一定不要打官腔，而要把自己当作有血有肉的"人"，不要害怕暴露一些缺点，有缺点的品牌才真实。例如，kindle青春版新品发布的广告语："盖kindle，面更香"就是一句标准的"人话"，同时也体现了品牌人设打造中很重要的一点——品牌情商。

"王安石谐音Vans"在网上的热度高居不下，Vans干脆发起"你心中的Vans王安石"原创活动，邀请用户以涂鸦、动画、Rap等形式进行艺术创作，鼓励年轻人用创意作品表达自我精神，也以此表现了Vans的"Off the wall（超越想象）"精神。Vans后来还把王安石的诗句印在鞋上。

一流企业卖产品，超一流企业卖品牌人设。例如，可口可乐被戏称为"肥宅快乐水"、keep被打趣为"鸡胸肉推销员"等。通过这些人设，品牌的特色和优势能够被用户更深刻地记住，使企业在市场竞争中建立差异化的

竞争优势。

人设也能拉近品牌与用户之间的距离。故宫前院长单霁翔用"雍正比剪刀手"的动画，给曾经在金銮殿高高在上的皇帝平添几分风趣、幽默。他为故宫打造了"萌态可掬"的人设，以"卖萌"姿态颠覆大众的认知，通过调皮的画风、跨界等年轻化营销方式，让这个 600 多岁的老字号一跃成为新晋网红，走起了接地气的风格。

人设在当下品牌营销中的作用不言而喻。除了抢占认知，它还顺应了移动社交媒体的变化及由此带来的受众接受习惯的变化。江小白的人设就是热爱生活的文艺青年，就像你多年的老友一样，懂你的情感诉求，并在你孤独、失意的时候做你的精神伴侣。

我们必须承认，这是一个需要活在人设里的时代。企业家所处的位置也使其成为一张 Public Face（公众面孔），他们需要为企业发声、为品牌代言。例如，2021 年的"618"购物节期间，总裁们纷纷亮相直播间，用自己的人设为品牌代言，为产品带货。

社交网络已为企业铺好传播通道，无论企业是否愿意，总有些时刻不得不按照预设目标展示被塑造的人格。企业只有打造品牌人设，才能在用户心里软着陆，要打造合适的品牌人设，建立品牌原型必不可少，具体可以从以下几个方面进行说明：

（1）品牌由谁创立、为什么创立？品牌曾经最让人津津乐道的是什么？用户对品牌有什么联想，以后又会有什么联想？这些问题将成为品牌未来很长一段成长路上，用户与企业之间的情感纽带，是用户是否愿意想起你、谈论你、追随你的关键。

（2）品牌属于高度参与还是低度参与的类别？产品是大众化还是小众化？产品的主要功能或价值是否能够被清晰地口口相传，让用户明白并且认可？如果说品牌只是用户可以接受的众多品牌之一，那么品牌的内涵或价值,又有什么能赢过对手的?

(3)差异化是企业的竞争施力点所在。企业要知道品牌的差异化价值在品牌形象、产品、视觉和门店终端等方面有哪些颗粒化呈现,并能够让用户感知这些要素。

(4)如果企业不认识自己的用户,那将是一个笑话。事实上,很多品牌都是为老板臆想出的用户创造和制作产品,缺乏真正而深刻的用户洞察。

(5)塑造"品牌银行"是一项长期的工作,任何以品牌为名的行为,无论是短期降价以吸引新用户还是产品改革、产品线扩张等,都是在强化或培养品牌在消费者心中的地位。

11.3 掉进流量"陷阱",只追求流量规模

企业无论用哪种方法建立和管理品牌,都要关注流量。对于企业来说,第一道流量、原存量用户是最核心的资源。用户的增加与流量息息相关。在获取流量的过程中,企业如果一味地追求流量规模而忽视流量质量,就容易出现以下三个问题:

(1)流量转化率不高或无闭环操作。例如,某个企业在微信公众号发表一篇推广文章,阅读量过万,却没有一个用户购买产品。

(2)流量作弊。流量作弊是一个普遍性问题,企业花钱投广告、买流量,阅读量、点击量容易出现造假现象,即使是用户留的电话号码,也有可能出现造假现象。

(3)持续增长的流量获取成本。线上流量的获取成本每年都在上涨。

例如，百度每年增长 3% 左右的广告费；微信朋友圈的广告费比百度略高；今日头条采取的是信息流广告，广告费用很高。

　　一条（综合了媒体、电商和新零售等业务的企业）曾经在微信上发布一条视频，15 天后，其微信公众号的粉丝突破 100 万人。一条之所以取得如此巨大的成功，与其流量策略密不可分。一条的创始人徐沪生是《外滩画报》前总编，他将一条的用户定位为注重生活品质的中产阶层，并围绕他们制定流量策略。

　　"看上去高冷，但不孤芳自赏"这句话是对徐沪生性格最准确的阐述。徐沪生对中产阶层的消费有自己的独到见解，他认为，我国人口众多，经济发展迅速，中产阶层正在日益壮大，如果抓住这个群体，那么企业收入自然水涨船高。

　　早期，一条团队不过 10 多个成员，内容创作方向也没有头绪。于是，团队从网上下载了几百 GB 的视频，对其中点击量高的视频进行深入分析。他们发现，这些点击量高的视频大多以轻松、活泼的风格为主。但根据这个发现，团队制作的视频没有产生令人满意的效果，市场反响非常一般。

　　后来，通过对网上的视频更透彻地研究，团队发现偏文艺风格的视频虽然比较小众，但点击量不是很低，而且十分稳定。因此，团队决定改变视频的节奏，将背景音乐的风格换成安静、文艺的，果不然，这样的视频确实受到了欢迎，点击量比之前高了很多。

　　在传统媒体的辉煌时代，许多知名杂志的发行量不超 10 万本，但每年获得的收入则达到 4 亿～5 亿元。针对这种情况，徐沪生想，以往高端杂志的品牌广告商如今也要寻找新的投放渠道，这对于一条来说是一个非常好的机遇。徐沪生坚持过去在杂志工作时的标准，以不娱乐、不搞笑作为内容的核心。起初，这个方向并不被投资人看好，他们觉得太小众。但徐沪生坚持自己的想法，觉得在我国找出几百万追求文艺和生活品质的人还是很容易的。

　　徐沪生将一条强大的吸粉能力总结为两点：第一，像做杂志一样创作视频；第二，每天推送一条原创视频。这些视频的时间不长，仅 3～5 分钟，却是摄制团队外出拍摄十几个小时浓缩而来的。一条的发展速度之快是徐沪生本人也没预料到的，他本以为商业运营是复杂的，对时机的掌握会掺杂许多运气的成分。但他没想到，凭借自己的坚持，以及团队对内容质量的严格把控，一条吸引了很多中产阶层用户，如此快地火爆起来。

创业过程中最难的，是对决策的选择，有时要坚持自己最擅长的，有时却要自己否定自己，学习别人的经验。而一条在不断摸索中，以中产阶层为目标群体，始终在中产阶层所关心的领域创作内容，如生活、潮流、文艺等，从而实现了成功。

从上述案例可以看出，徐沪生对目标群体的准确定位，以及通过高质量内容获取流量的做法，使一条得到了非常不错的发展，实现了井喷式的用户增长。那么，其他企业如何像一条这样获取更多流量，避免自己流量匮乏呢？方法如图 11-2 所示。

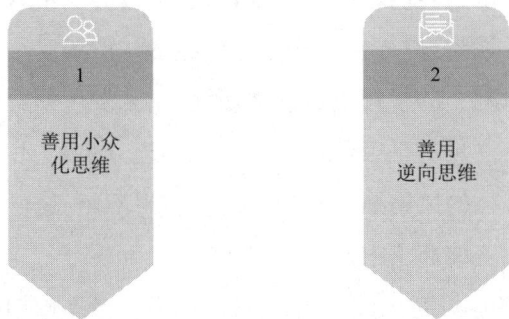

图 11-2　获取流量的方法

1. 善用小众化思维

通常人们眼中的小众是指一种被少数人认可的事物或爱好。例如，相对于淘宝、京东，当当就比较小众。但在当今时代，随着用户的个性化需求越来越多，小众不再只局限于少数人，而是人的小部分。企业需要追求的应该是需求场景的"小"，而不是受众的"小"。

2. 善用逆向思维

现在市场越来越趋向多元化，企业只有具备逆向思维，从用户角度着手，才能获得用户的青睐。安飞士作为一家创立于 1946 年的汽车租赁企业，在 20 世纪末处于亏损状态。为了挽回这个局面，安飞士聘请广告大师威廉·伯恩巴克解决难题。在威廉·伯恩巴克的笔下，一则广告诞生了——安飞士甘愿成为出租业的第二名。这则广告投放到纽约市的大街上时，引起轰动，一时间，安飞士成为人们热议的话题。广告推出两个月后，安飞士扭亏为盈，当年的盈利达 120 万美元，第二年实现盈利翻倍，到第三年营业额已经突破 500 万美元。

虽然用户热衷于选择行业第一的产品和服务，但很多企业都是抱着这个想法，打着自家产品在某方面"位居第一"的旗号，让用户难以分辨产品的质量高低。这时安飞士"甘当第二"，就显出一种包容与自信，以诚实的诉求取得了用户的认可，赢得很多精准流量。

实际上，用户对产品的选择有一种天然的不信任，安飞士采取逆向思维，将自身的不足展示在用户面前，以真诚赢得用户的信任。

11.4　忽视信用价值，用户感受不到隐形承诺

当用户购买企业的产品后，企业就对用户有一份承诺和一种责任。在这个产品的生命周期内，企业要对用户负责。很多时候，承诺和责任都是隐

形的，能够对用户的选择产生非常大的影响。品牌是企业的载体，用户对品牌的认同就是对企业的信任。因此，企业要想给予用户需要的承诺，最有效的办法就是建立品牌，树立品牌形象，让用户信赖品牌，从而信赖产品，给用户足够的安全感。

例如，李宁为了更好地占据用户的心智，选择以自己的名字为品牌名。李宁的身上凝聚了活力、声望、竞技水平与敢于拼搏的体育精神，这些对于用户而言是非常重要的隐形承诺。现在李宁每年都会拿出一部分资金作为技术研发与产品开发的费用，从多个角度对产品进行设计与优化，受到广大用户的信任与喜爱。

像李宁这样重视信用价值的品牌能率先完成用户的认知过程，也能更好地为企业背书，赢得好的口碑，得到用户的认可。

在消费过程中，很多人经常遇到这样的情况：当自己不够了解某个产品时，心里会有一种不安全感，会下意识地选择具有良好声誉的品牌。这就是品牌所带来的信用价值，它在无形中降低了用户的心理戒备，增强用户对产品的好感。

所以，企业要做好对用户的隐形承诺，打造品牌的信用价值，方法如图 11-3 所示。

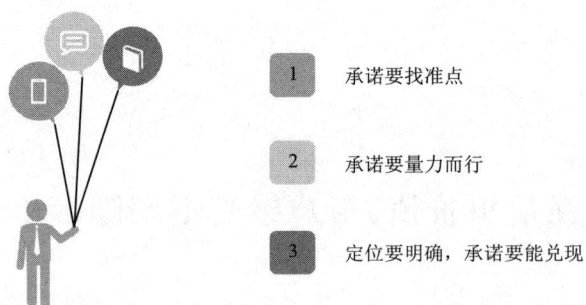

1　承诺要找准点

2　承诺要量力而行

3　定位要明确，承诺要能兑现

图 11-3　做好对用户的隐形承诺

（1）承诺要找准点。品牌需要有特定的消费群体，其承诺一定要结合自身定位，找准消费群体和承诺的关键点。例如，鸿星尔克的品牌承诺是为喜欢运动的人提供舒适、时尚的鞋服，因此，它非常重视产品设计与研发。

（2）承诺要量力而行。有些企业喜欢随便给用户承诺，打的品牌口号是以高品质为主，但实际上产品的质量不是很高，让用户有上当的感觉。对于企业而言，重要的不是承诺多少，而是承诺的事情能做到多少。

（3）定位要明确，承诺要能兑现。企业要想兑现承诺，关键就在于对自己品牌有正确的认识。企业要多关注用户重视的东西，通过多种渠道与用户沟通，切实满足用户的需求，这样才能实现隐形承诺，提升用户的信任度。

承诺隐含着企业对用户的所有保证，反映出企业的经营理念和品牌的信用价值。企业在建立品牌时一定要重视承诺，关注品牌的内涵塑造。

11.5　迷信明星效应，宣传途径单一

新消费时代在某种程度上也是粉丝经济时代，明星是一个巨大的流量输出途径，这就是企业需要关注并加以利用的一点。一方面，明星的一举一动都可能带来广告效应，将流量引导到与他们相关的品牌上，推动品牌的发展；另一方面，明星的形象是具体清晰的，能够使产品更可视化，让消费者对产品及品牌产生更强烈的亲切感和熟悉感。

此外，明星的代言或表演也能够为消费者带来一种使用产品的氛围感

和仪式感，让消费者通过观看明星使用产品的场景对产品和品牌产生一种美化的想象。明星使产品不再是单纯具有物理属性和使用意义的产品，而是一种更丰富的、在使用时会带来一种文化心理感受的产品，这也更有利于产品的销售和品牌的推广。

由此可见，企业结合明星效应进行广告宣传，能够产生巨大的效果，合理利用明星效应有利于企业扩大影响力，提升知名度。但如今名人营销泛滥也让明星效应的作用呈现两极化。我们很难完全否定或者完全肯定明星效应的价值，但从大受欢迎到因为泛滥而遭到质疑，实际上不难看出其两个发展趋势。

（1）消费者更理性，不再被品牌"牵着鼻子走"。现在只追求"完美外在"的理念已经不符合大众的生活现实，因此，只靠明星为品牌代言可能难以产生很好的效果。

（2）情感诉求能够引发消费者的共鸣。当广告中传递的情感引起消费者共鸣时，品牌往往能够获得消费者的支持和认同。但在这个方面，明星因为与普通人有一定的距离感，所以由他们主导的广告效果反而可能不如由普通人主导的广告。

有些明星代言多个产品，使消费者产生认知混乱。例如，某明星因为电影中的一个角色走红，代言 35 个产品，涵盖饮料、巧克力、服装、鞋子、蛋糕、矿泉水、数码产品等，一度引起消费者的认知混乱。

其实在宣传品牌和产品方面，企业不应该过多地依赖明星，而应该重视创意。在微博、小红书、微信等社交平台上，虽然明星能够触达的消费者很多，但带来的效果是短期的。相反，好的创意能够超越明星效应，帮助企业在更大的范围实现传播。

11.6　过度依赖营销，忽视了本质

现在很多企业都意识到营销的重要性，试图借助营销让自己"起死回生"，于是产生一系列过度营销的现象。

过度营销的表现之一是将营销与广告投入对等，大手笔、大批量地投放广告，利用广告将品牌打入消费者的内心，而忽视了对消费者、企业本身，以及产品的关注。大批量地投放广告意味着巨大的营销成本，而这些营销成本则会转嫁给消费者，也因为如此，消费者很有可能对品牌产生不好的印象。

此外，过度营销意味着大量的营销投入，也就是企业在用"疯狂砸钱"的模式与竞争对手博弈，在很大程度上可以说是一场豪赌。如果输了，企业将损失巨大；而即使赢了，企业也有可能元气大伤。因此，最近发展起来的众多企业都已经不再过度营销，而是把更多注意力集中在品牌定位、产品设计与服务改良上。

过度营销还可能造成消费者对品牌的抵触。并且，过度营销也是企业将自身全面地放置在消费者的视线下接受检验。如果企业本身存在劣势和缺陷，这些劣势和缺陷就可能在过度营销中被暴露出来，给企业带来非常不好的影响。

适度营销对企业有益，在把握营销的度方面，周黑鸭做得不错。

现在有些人可能认为，在一线城市发展的品牌更有竞争力，综合实力也比较强。但是，周黑鸭没有诞生在一线城市，却仍然成长为一个受欢迎的品牌，其中的原因值得深思。具体来说，周黑鸭能获得如此良好发展的原因主要包括以下三点：

第一，能够满足消费者的需求，产品的广谱性强。周黑鸭能够做大、做

强，原因是其产品无论从口味、质量上，还是从价格上，都具有广谱性，可以满足大部分消费者的需求。而北京、上海、广州的品牌大多以中产阶层的消费水平作为定价标准，很难被大多数二、三线城市的消费者接受，这也导致北京、上海、广州出身的品牌和武汉出身的周黑鸭相比广谱性较弱。

第二，商业上的空间平权逐渐实现。随着互联网的不断升级、线上与线下场景的共同发展，以及物流的逐渐优化，北京、上海、广州的空间优势与其他新一线城市相比逐渐减弱。在新消费时代，只要营销做得好，即使品牌在空间位置上优势不明显，也可以在线上销售和物流运输方面弥补不足。相比在北京、上海、广州发展，企业在新一线城市发展成本更低，品牌的存活率更高，可以把更多的成本投入产品和营销中。

第三，"野生"企业更容易存活。相比诞生于北京、上海、广州那些广受瞩目的企业，诞生于武汉的周黑鸭属于"野生"企业，不论是从模式上还是发展过程上，周黑鸭都是朴素的"生意人"。周黑鸭也由于走踏踏实实、努力发展的路线，摆脱外在的各种光环，回归本质做好产品，从而获得迅猛发展。

当然，周黑鸭取得成功的原因还有很多，如武汉的政策支持，人力资源成本更低，武汉等新一线城市有更大的试错空间等。因此，企业不必为了进入北京、上海、广州而疯狂砸钱，而应该适当地把视线投向更广阔的市场。

运营篇

如何做品牌营销

第 12 章
品牌营销——培养思维的战术进化史

从某种意义上来说,品牌营销和在战场上打仗有很多相似之处。正如指挥打仗的将军要精通各类军事战术一样,品牌营销的企业也必须具备各种思维,如产品思维、用户思维、内容运营思维、创新思维、成本思维等。

12.1　产品思维:从产品到用户

产品思维的基本逻辑是从产品到用户。在世界上,确实存在这样一些品牌:可以忘掉用户,完全自定义产品,从而吸引用户成为产品的拥护者。例如,苹果公司推出的 iPhone X 以独特的"刘海"外观设计给用户的视觉带来极大冲击,如图 12-1 所示。

图 12-1　iPhone X 的外观设计

为了保护自己的利益,苹果公司为该外观设计注册了专利。同时它还具有独特的设计理念——一直以来,我们都心存一个设想,期待着能够打造出这样一部手机:它有正面的屏幕,能让你在使用时完全沉浸其中,仿佛忘记了它的存在；它是如此智能，你的一触、一碰、一言、一语，哪怕是轻轻一瞥，都会得到它心有灵犀的回应。而这个设想，终于随着 iPhone X 的到来成为现实。

对于手机行业，iPhone X 相比原有的 iPhone 系列，这款产品不仅引领了全面屏，还激起一股新的审美浪潮。在产品设计方面，苹果公司一直秉持严谨、科学的态度，希望可以提升产品的吸引力，引导用户适应自己的产品。

除了苹果公司，香奈儿（Chanel）对待产品的认真态度也是可圈可点的。提起香奈儿，首先映入脑海的就是各种各样的产品，如经典的山茶花、芬芳的 5 号香水、简约的斜纹软呢料套装、精致的菱格纹金屈链皮包、时尚的黑头高跟鞋等，如图 12-2 和图 12-3 所示。

图 12-2　香奈儿的菱格纹金屈链皮包　　　图 12-3　香奈儿的黑头高跟鞋

随着岁月的沉淀，香奈儿的品牌形象越来越立体，产品质量也有了很大提高，这都是激发用户购买欲望的催化剂。当然，在此基础上，香奈儿的商业价值也进一步显现出来。如今香奈儿旗下的产品种类越来越繁多，除了服装、香水，还涉及珠宝、化妆品等。这些产品之所以能被用户喜爱，与可可·香奈儿一直坚持的两种理念密切相关，如图 12-4 所示。

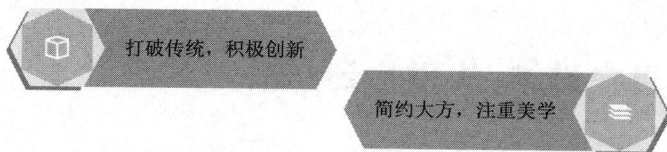

图 12-4　可可·香奈儿坚持的理念

1. 打破传统，积极创新

在产品设计方面，可可·香奈儿敢于打破传统，积极创新。实际上，她本人非常热爱交际，愿意参加聚会，结识各界的知名人士。与此同时，交际过程也是她积累灵感的过程。基于对男性的了解，可可·香奈儿将帅气、利落等元素融入女性服装，让女性服装展现出极度的优雅，从而改写了服装行业的历史。

2. 简约大方，注重美学

可可·香奈儿崇尚简约大方，注重美学，她说："Less is More（简约就是美）"，还深入解释道："我的美学观点跟别人不同，别人唯恐不足地往上加，而我一项项地减除。"正是这样的理念，缔造了 5 号香水的传奇。

5 号香水的外形设计非常简约，在同时代的香水中，它显得有些另类。因为展示台上的香水都极尽繁复华美之能，用各种元素对香水进行包装。而 5 号香水的瓶子晶莹剔透，就像一个天然的药瓶，正是这种简约的外形设计为 5 号香水增添了新的美学力量，吸引一大批同样喜欢简约的用户。

对于很多品牌而言，做产品非常难，做高质量产品更是难上加难。于是，这些品牌开始转变思路，从用户下手，根据用户的需求做自己的产品。但还有一些品牌，对自己做产品的能力非常有信心，所以就忘掉用户，专心做产品。但无论哪一种，唯一不变的就是，一定要保证产品质量，毕竟好产品才是实现爆裂营销的"钩子"。

12.2　用户思维：从用户到产品

用户思维的基本逻辑是从用户到产品，即先定位用户，再定位产品。通常为了让产品被更多用户接受和认可，获得更好的销售业绩，绝大多数品牌都会选择用户思维。

1. 定位用户

任何产品都有特定的用户，这是毋庸置疑的。对于产品而言，用户是最坚实的效益支柱；对于用户而言，产品是最坚实的需求支柱。如果双方的关系没有平衡好，就会对产品销售造成严重影响。由此可见，品牌在做产品的过程中，定位用户非常重要。

那么，品牌应该如何定位用户呢？

首先要建立用户画像，进行需求分析。一般用户画像主要包含以下内容，如图 12-5 所示。

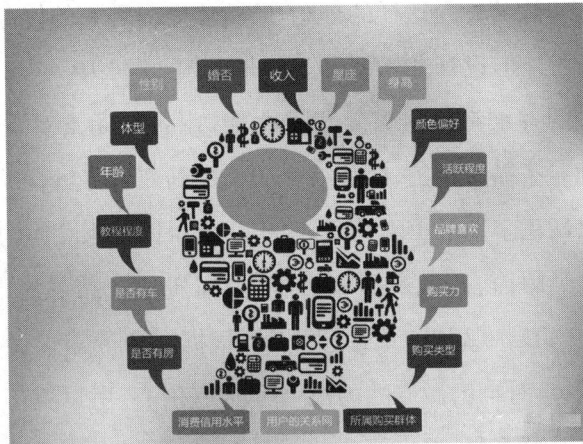

图 12-5　用户画像的内容

很多时候,定位用户的过程其实就是建立用户画像的过程,这个过程做得越好,企业获得的用户就越精准。当然,除了建立用户画像,把握用户心理也非常关键。到底应该如何把握用户心理,一个比较好的方法就是让自己成为用户,深入用户场景,与产品进行亲密接触,切实感受产品的各项功能。例如,假设你是一个卫浴产品品牌的创始人,要想设计和生产出更符合用户需求的卫浴产品,就应该亲自研究和体验各种品牌、各种款式的卫浴产品,找出各种品牌的差异,定位用户,根据用户画像,设计和生产自己的产品。

万合天宜曾经推出一款非常火爆的视频产品——《万万没想到》,该产品一经推出,就迅速走红,受到广大观众的喜爱和追捧,并被冠以“网络神剧”的称号。《万万没想到》在优酷网的总播放量非常高,而且多次出现在百度风云榜搜索排行、新浪热门微博排行榜、豆瓣电视剧新片榜、优酷电视剧搜索排行榜等多项榜单上。

《万万没想到》之所以能取得如此亮眼的成绩,主要是因为基于用户思维对观众进行了精准定位。相关数据显示,《万万没想到》的核心观众是青年男性,其中,21 岁以下观众所占的比例大概是 50%,22～29 岁观众所占的比例大概是 30%～40%。而男女观众的比例大概是 6∶4。在抓住核心观众的基础上,万合天宜不断创造和推出新作品,向更广泛的观众群体扩散,如 15～20 岁的观众、25～30 岁的观众等。

《万万没想到》的主要观众群体都是刚走出校园,步入社会的“90 后”,梦想的小火苗还在不断闪烁,但总是要面对各种残酷的现实。这些“90 后”与这部剧的主角王大锤有着非常相似的经历,这种同理心可以让他们产生很强的代入感。

当看到王大锤历经坎坷,依然自信满满时,这些“90 后”可以获得能量,可以从王大锤身上看到自己的影子,从中得到启发,继而以不服输的精神追寻自己的梦想。

在百度 CBG、脱不花妹妹与易小星的《"90 后"洞察报告》中,《万万没想到》的导演易小星对"90 后"观众做了如下总结:"90 后"观众在行为上具有非常鲜明的特点。这就说明在打造《万万没想到》前,易小星已经对受众有了比较准确的认识,也正因为如此,他才可以做出符合"90 后"需求、深受"90 后"喜爱的产品。

2. 定位产品

定位产品的要点有两个:一是抽象细化场景,二是打造专属标签。

下面先说抽象细化场景。

就目前情况来看,大场景比较常见,例如,大悦城的时尚购物场景、肯德基的休闲场景、星巴克的商务场景等。其实,创建一个大场景不是很困难,但品牌只有大场景远远不够,还必须让这些大场景裂变出更多丰富的细化场景。

一加手机(OnePlus)之所以能够成为后起之秀,在手机行业中闯出自己的一片天,一个很重要的原因就是它创造了很多细化场景,而且这些场景都有各自的侧重点。一加手机的创始人刘作虎有强大的号召力和个人影响力,更重要的是,他心里还潜藏着一种情怀。但是,仅靠这些就能让他把一加手机经营得如此出色吗? 答案是否定的。

情怀太过缥缈、虚拟、单调,难免有形而上的意味。刘作虎不断挖掘情怀背后的深刻内涵,让场景变得丰富、细化。一加手机不仅直击用户的内心,也牢牢抓住用户的痛点,获得了较大成功。

接着说打造专属标签。

好产品都有一个标签,以豆瓣为例,它的标签就非常突出,其中以"文艺""独立"最为显著。从这两个标签来看,豆瓣应该是文艺青年的聚集地,但是，在论坛的基础上发展起来的标签，不能充分展现个性化。所以，豆瓣又接着推出自己的个性化产品——豆瓣 FM，如图 12-6 所示。

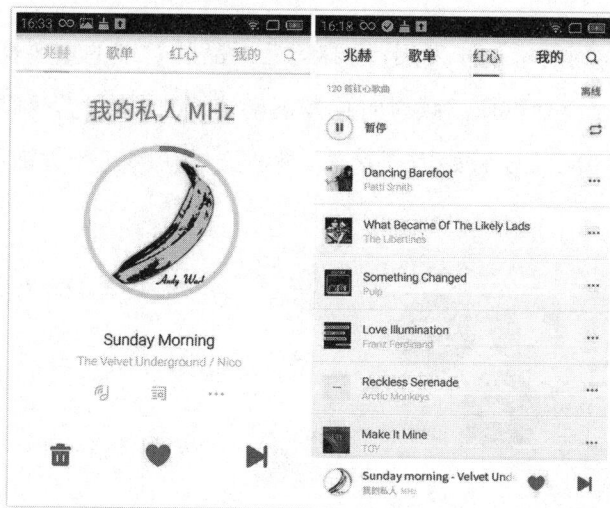

图 12-6　豆瓣 FM 示意图

豆瓣 FM 不仅可以在 PC 端下载，还可以在手机端下载。此外，豆瓣 FM 主要提供小众、文艺、独立的音乐，与酷我音乐、QQ 音乐、酷狗音乐等音乐产品有一定的差异性，这样，豆瓣的标签就变得越来越个性化。

以前豆瓣只是一个单纯的互联网平台，在个性化方面比不上天涯、虎扑等文艺类论坛，优势不明显。但是，自从豆瓣 FM 横空出世，豆瓣的个性化气质立刻显现出来，远超其他文艺类论坛。在这种情况下，豆瓣对用户的吸引力更强，用户的黏性也更高。

如今随着技术的不断进步，产品更新迭代的速度越来越快，用户的选择比之前增加很多。如果品牌无法抓住用户的需求和痛点，并据此为用户设计更好、质量更高的产品，就很可能被淘汰。所以，用户思维在任何时候都非常重要。

12.3　内容运营思维：认知转化促成交

随着互联网的进一步发展，内容运营对品牌管理的重要性不断增强。因此，任何一个企业都应该顺应时代发展潮流，将内容运营这项工作仔细、认真地做好。那么，要做好内容运营，企业应该从哪几个方面入手呢？如图 12-7 所示。

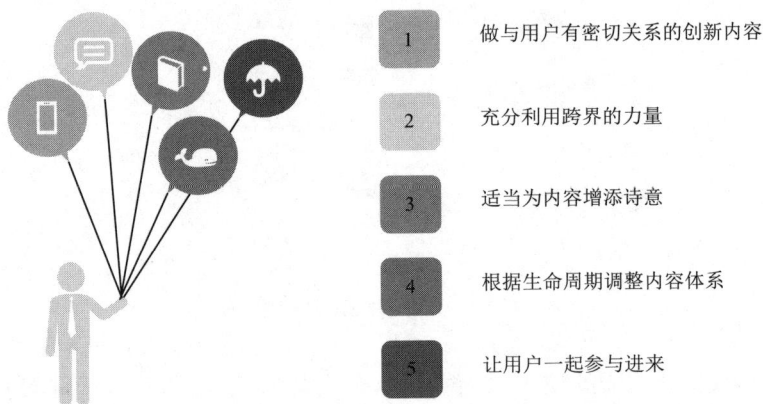

1	做与用户有密切关系的创新内容
2	充分利用跨界的力量
3	适当为内容增添诗意
4	根据生命周期调整内容体系
5	让用户一起参与进来

图 12-7　如何做好内容运营

1. 做与用户有密切关系的创新内容

在看到百雀羚、支付宝、小米等品牌借助内容运营取得成效后，一些品牌也开始模仿，但其中的绝大部分都是东施效颦，没有进行深层思考。一般来说，与用户有密切关系的内容可以分为以下三个方向：

（1）有用：用户都喜欢有用的内容，这是一个毋庸置疑的事实。例如，罗辑思维把具有价值的知识和技巧收集在一起，形成有用的内容分享给广大用户。

（2）有价值观：有价值观的内容不仅可以感染用户，还可以帮助用户找到志同道合的朋友。

（3）有趣：有趣的内容极具传播性，可以成为用户茶余饭后的谈资，帮助用户获得开心、愉悦的体验。

当然，除了与用户有密切关系，内容的创新性也非常重要。因为新时代的用户更喜欢标新立异、凸显个性。例如，鸭脖品牌鸭鸭惊每天都会通过微博发布宣传图片，不断强化用户的记忆。鸭鸭惊的宣传图片上，有一句口号和一袋产品，如图 12-8 所示。

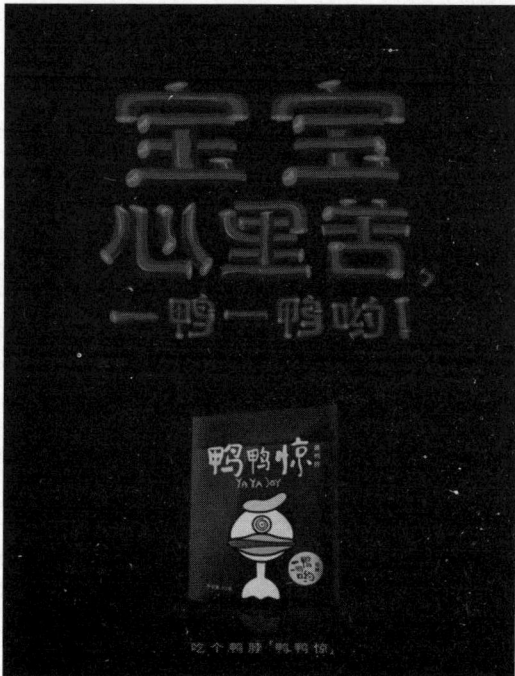

图 12-8　鸭鸭惊的宣传图片

这句口号是整张宣传图片的精髓，有着双重特性。可以说，在口号的助力下，鸭鸭惊向用户传递正能量，被称为"鸭脖界的'灵魂'导师"。与此同时，啃鸭脖也成为深受用户追捧的"治愈"方式。

除了每天通过微博发布宣传图片，鸭鸭惊还会推送创意广告视频，借助这些创意广告视频将年轻用户在生活、工作、学习、情感上的困扰与烦恼进行幽默化处理，充分强调"生活再不易，你也可以吃个鸭脖压压惊"的核心理念。

借助在微博上进行内容运营，鸭鸭惊获得广大用户的支持和关注，并在短时间树立正能量、"鸭脖界'灵魂'导师"的形象。不仅如此，"鸭鸭惊"还通过"吃个鸭脖鸭鸭惊，一鸭一鸭哟"的广告语弘扬乐观、积极的生活态度，为自己建立良好的口碑。

2. 充分利用跨界的力量

跨界是当下最常用的一种营销手段，企业在进行内容运营时，也应该充分利用跨界的力量。对于很多网红品牌来说，"一炮而红，一下就死"似乎已经成为不可逃避的宿命，而喜茶却是与众不同的一个。喜茶虽然一夜爆火，但没有在爆火后迅速陨落，反而不断进行融资与扩张，将自己打造成奶茶行业的一个领导品牌。

喜茶乐于利用跨界的力量，而且每一次都能够擦出"火花"，进一步促进用户对品牌的宣传与推广。喜茶曾经与耐克联合推出一款联名杯套，而且消费者只要身上穿着"耐克热血助威 TEE"，到北京三里屯喜茶门店就可以立即获得一张喜茶赠饮券。这次跨界不仅有趣，还精准触达目标用户，实现圈粉效果的最优化。

喜茶的跨界不止于此，它还与美图秀秀共同开展过一场全方位跨界。在跨界期间，喜茶的杯套以及会员卡都变成表情包，收割大批流量。从某种意义上说，喜茶的表情包也可以看成是内容运营，如图 12-9 所示。

无论何种跨界，喜茶追求的都是趣味、灵感，而且通过这些跨界，喜茶给目标用户留下好的印象，促使他们进行更大范围地宣传与推广。

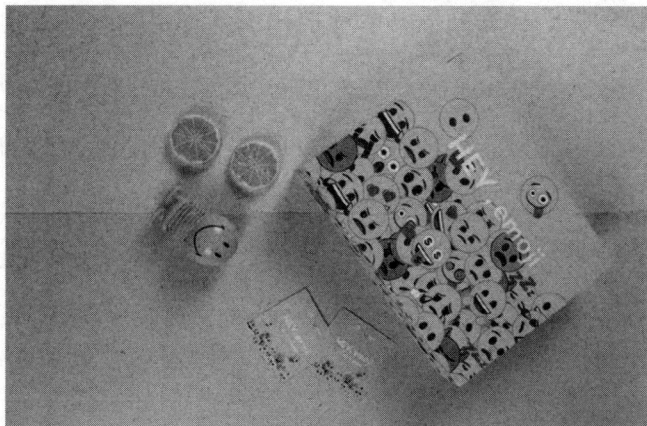

图 12-9　喜茶的表情包

3. 适当为内容增添诗意

在当下这个快节奏的社会，诗意的内容似乎越来越稀缺，而正是这样的稀缺资源，受到广大用户的喜爱和追捧。所以，在进行内容营销时，适当为内容增添诗意很有必要。

如果把长安马自达比作"马"，那么它肯定是一匹正在加速道上为实现自己的梦想而疾驰的"马"。这匹"马"凭借不断提升的综合实力、引人注目的向上态势，不断刷新销售纪录。"以梦为马，不负韶华"是长安马自达昂克赛拉的广告语，如图 12-10 所示，此句取自诗人海子的著名诗篇《以梦为马》中广为流传的一句："以梦为马，以汗为泉，不忘初心，不负韶华"。

在这里，将马自达比作"马"，是因为它像马一样稳重、坚定，也可以理解为，把自己的梦想作为前进的动力。

由图 12-10 可见，长安马自达把"以梦为马"中的"马"换成了昂克赛拉的车型，这不仅能让内容多了一些创意，又能充分体现昂克赛拉是一款非常稳重的汽车。后半句"不负韶华"与下面的"一路青春，陪伴左右，始终懂得你的坚持"相呼应，再一次升华内容的主题，为内容增添不少诗意。

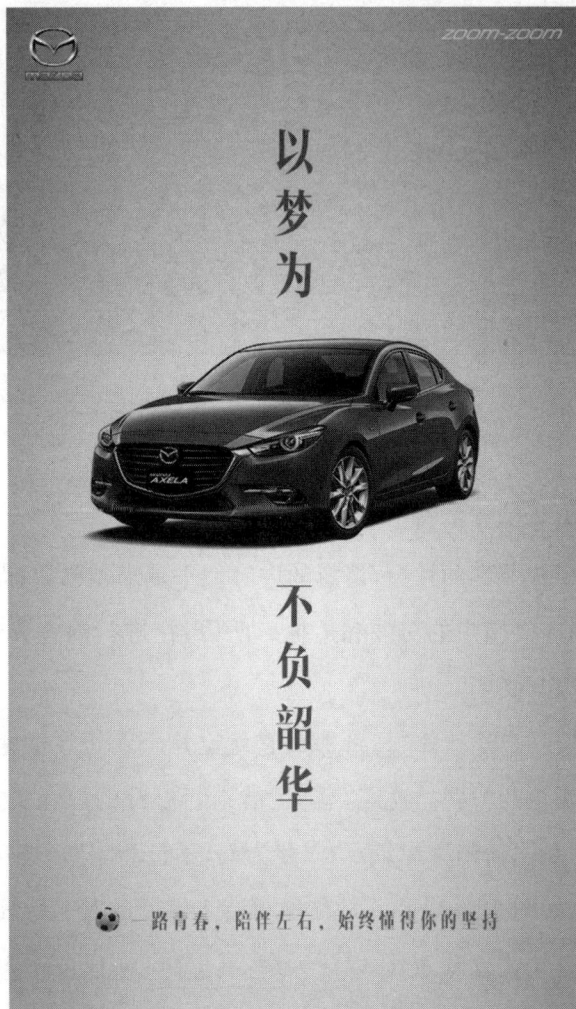

图 12-10　长安马自达昂克赛拉的广告

4. 根据生命周期调整内容体系

任何一种产品都有生命周期，品牌也是如此，对于品牌来说，不同的生命周期应该有不同的内容体系。在这种情况下,企业就需要根据品牌的生命周期,对内容体系进行调整。一般来说,品牌的生命周期可以分为三个阶段——导入期、成长期、成熟期。

(1)导入期应该利用内容提高品牌的知名度和影响力,所以企业最重要的任务是抢占用户的心智,让更多用户知道品牌。

(2)成长期应该利用内容提高品牌的美誉度,所以企业在设计内容时应该强调产品的优势和价值,使用户黏性得到大幅度增加。

(3)成熟期应该利用内容提升用户对品牌的忠诚度,到了这个生命周期,虽然很多用户都已经知道品牌,但企业仍然需要给予用户提醒,进一步加深用户对品牌的印象。

5. 让用户一起参与进来

小米联合创始人黎万强写过一本名为《参与感》的书,这本书就详细解释了让用户一起参与进来的重要性以及具体做法。

通常情况下,内容创作有两种类型:一种是用户生成内容(UGC);另一种是专业生产内容(PGC)。但就现阶段而言,很多品牌都只关注后者,而忽略更重要的前者。

要想进行效率更高的内容运营,让用户一起参与进来是一个的非常不错的选择。那么,企业应该如何让用户一起参与进来呢?有很多方式,主要包括设计互动、开放参与节点、扩散口碑等。例如,某奶茶品牌在推出一款新品后,可以邀请忠实用户为这款新品取名称、做测评,这些过程全部都可以作为内容输出。

品牌在进行内容运营时,要让用户一起参与进来,为其营造一种有温度的参与感,最终实现与用户的共同成长。随着移动互联网的发展,用户与品牌之间的关系发生一些改变,这主要表现在,因为"移动＋社交媒体"的出现,用户与品牌可以通过"关注"按钮形成真正意义上的闭合。

从本质上看,移动的属性是人类器官的延伸,人类的属性是社交,移动互联的属性是人类与人类的社交连接。因此,用户与品牌的连接,以移动互联社交平台为基础,在"关注"式连接上有了物理性的落脚点。

如果说传统品牌营销的焦点是通过推广建立认知转化,获得成交。那么新时代品牌营销的焦点则变成建立连接,获得用户,然后实现转化。企业要想建立用户与品牌的连接,输出内容、完善内容运营可能是最佳的做法。

12.4 创新思维：弘扬品牌优势

创新,源于拉丁语,它有三层含义:更新、创造新的东西、改变。创新作为一种思维,由哈佛大学教授熊彼特 1912 年第一次引入经济领域。你的用户是谁？你卖给他们的是什么产品？你的组织是如何运转的？创新思维的本质在于用新角度、新思考方法解决这些问题。对于很多企业而言,不创新的结果很可能是被时代淘汰。

IBM 曾经认为,全世界最多需要 1 000 台电脑,他们觉得只有政府、银行、企业、科研机构才需要电脑,因此没开发个人电脑市场。IBM 错过了个人电脑市场,成就了微软；微软错过了搜索,成就了谷歌；谷歌错过了社交媒体,成就了 Facebook；Facebook 花大价钱收购推特。

1960 年,日本存储器产业异军突起,英特尔举步维艰。英特尔年轻的 CEO 安迪·格鲁夫问戈登·摩尔："如果我们被董事会赶出企业,你觉得我们的继任者会怎么做？"

戈登·摩尔回答："他们会放弃存储器市场,进军微处理器市场。"

安迪·格鲁夫反问："为什么我们不这样做呢?"

英特尔放弃了存储器的存量,获得了微处理器的增量,终成一代霸主。然而,你很难想象,在 PC 处理器领域独占鳌头的英特尔如今在移动处理器市场的份额是 0。死守存量、忽视增量的后果就是这样。

我们不得不承认,英特尔无论是在业务、项目管理层面,还是企业文化层面都非常优秀。为了赢得市场,英特尔已经找到了他们认为的下一个增量——汽车处理器市场,并以 153 亿美元的价格收购了汽车自动驾驶技术提供商 Mobileye。当世界上的所有汽车都变成智能汽车时,历史也许会证明英特尔现在的正确远见。

我们再看柯达的故事。1975 年,年轻的柯达工程师史蒂夫·萨松发明了世界上第一台数码相机,当他把这项惊人的成果呈现给企业高层时,傲慢的管理者对这个只能拍低像素的"青铜"产品嗤之以鼻,认为"没有人愿意在电视上看他们的照片"。

彼时的柯达是胶片时代的王者。2012 年,柯达申请破产保护,当年的决策者不会想到,敲响"丧钟"的正是他们自己企业发明并雪藏的数码相机。柯达错了吗? 或许并没有,毕竟它还续命了 30 多年。但键盘时代的王者诺基亚就没那么幸运,缺乏创新思维的它从如日中天到跌下神坛,只用了 5 年左右的时间。

如果我们用"没有成功的企业,只有时代的企业"这句话涵盖企业当时的选择,似乎合情合理。但如果我们深入分析,这难道不是一种霍布森选择(Hobson Choice Effect)吗?

300 多年前,英国伦敦的郊区有一个人叫霍布森,他养了很多马,高马、矮马、白马、斑马都有。他对来的人说,你们买我的马、租我的马,随便你选,价格便宜。霍布森的马圈很大,然而马圈只有一个小门,霍布森只允许人们在马圈的出口处选。高头大马出不去，能出来的都是瘦马、小马，大家挑来挑去，自以为完成了满意的选择。

后来获得诺贝尔奖的西蒙，把这种现象定义为霍布森选择：当你的选择空间很小或者思维受限时，你自以为做了一个正确的选择，实际上你做出的是狭隘的选择。

管理界有一条格言："当看上去只有一条路可走时，这条路往往是错误的。"对于企业而言，如果陷入霍布森选择，就不可能发挥自己的创新思维。如果管理者用这个别无选择的标准约束和衡量别人，必将扼杀多样化的理念，从而扼杀了企业的创造力，扼杀了企业的活力。

创新思维在任何行业都是提升竞争力的关键。竞争一直存在，企业要想在越来越激烈的竞争中立于不败之地，就要依靠创新的力量，用创新思维缔造品牌优势。因为这种基于创新的优势短时间难以被模仿，有利于帮助品牌成为行业佼佼者。

12.5　成本思维：一切都是为了控制成本

新时代的品牌营销中有一个新名词叫沉没成本。例如，假设你和你的朋友花费时间看一场无意义的电影，那么你们所耗费的看电影的时间和买电影票的钱就是沉没成本。在营销中，企业要尽可能地降低沉没成本，这样才能更快速地建立品牌。

通过对现代社会品牌形式和作用的分析，我们可以看出，品牌是产品和企业的一种属性，是产品功能或企业价值观的外在表现形式。实际上，品牌的本质是降低成本,这就要求企业以成本思维考虑问题。一般来说,品牌主要降低以下三个方面的成本,如图 12-11 所示。

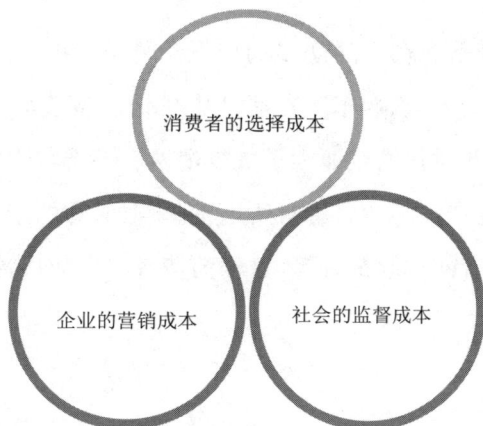

图 12-11　品牌降低三个方面的成本

1. 消费者的选择成本

由于品牌的功能区别,消费者能够分辨产品的不同,从中选择自己中意的产品。因此,品牌能够降低消费者的选择成本。选择成本是品牌经济学的核心要点,也是品牌建设的核心。企业在对选择成本进行分析、衡量选择成本的大小时,需考虑以下三个要点:

(1)选择

消费者应该有选择的余地。如果一家厂商垄断产品,消费者根本没有选择余地而又必须使用这款产品,那么品牌就没有意义。例如,假设现在比较火的新零售企业只有盒马鲜生一家,那么消费者自然只能选择盒马鲜生。

当然,这种情况是不符合市场规律的,一般消费者都有选择的机会,此时品牌就变得尤为重要。消费者根据自己的需求有所偏好,也就出现有些消费者选择盒马鲜生，而有些消费者选择每日优鲜或者 7Fresh 等的情况。

（2）备选集

备选集是指消费者在产品众多的市场条件下，在做出购买决定前对各产品进行考察，并加入"购物车"，然后从中挑选。备选集中产品越多，选择成本越高。所以，新时代的企业为了减少消费者备选集中的产品数量，应该尽可能地让自己的产品与竞争者有所区别。例如，你的产品品质最好、配送时间最短、给消费者的体验最好等，这样消费者才可能从备选集中选择你的产品。

（3）选择过程

消费者的选择过程一般分为三个步骤，依次是信息搜集、建立备选集和选择决策。选择成本一般是发生在第三个步骤的成本，因此，企业在降低选择成本时，应当尤为注意选择过程中"选择决策"这个步骤。

事实上，降低消费者的选择成本，最重要的就是要从消费者角度出发。新时代的企业需要思考消费者的真实需求是什么，产品应该如何做才能满足消费者的真实需求，消费者的心理感受、消费习惯是什么，这样才能找到降低选择成本的突破口。

2. 企业的营销成本

企业通过对品牌的树立和管理，使消费者对企业的认知度提升，这意味着企业在市场上拥有可以被消费者同竞争对手区分开的优势。同时，品牌能够使消费者对企业产生信赖和归属感，忠诚的消费者乐于推广品牌，有利于企业扩大市场份额，节约营销成本。

3. 社会的监督成本

品牌自带的异质性使企业和产品能够被轻易分辨，这也使社会对企业、产品的监督成本极大降低。

　　事实上,品牌的本质就是降低成本、建立与消费者之间的信任和联系。在了解了品牌的本质后,我们可以明确品牌对企业的重要性,从其本质出发,经营、管理品牌,使企业的推广和宣传更有效。

第 13 章

品牌营销工具的
时代新解之 4P 模型

　　4P 模型最早产生于 20 世纪 60 年代的美国,被归结为四个基本要素,即渠道(Place)、产品(Product)、推广(Popularize)、价格(Price)。随着社会媒体的发展和时代的进步,该模型现在已经被广泛应用于品牌营销领域,帮助企业更好地、更高效地进行品牌营销。

13.1　找一个合适的渠道至关重要

渠道（Place）是触达并转化用户的手段，同时也是企业发力比较多的一个环节。对于企业来说，找到一个合适的渠道至关重要，渠道代表企业的营销水准及营销覆盖的范围。事实上，很多企业的产品质量水平已旗鼓相当，但在渠道能力上相差甚远。

在互联网不断发展的背景下，渠道的创新性与多元化更加凸显其影响力。例如，内容渠道在治愈心灵方面有天然优势，企业可以将媒体平台作为载体，进行持续的价值观表达和品牌传播。

渠道的本质是让消费更好、更快地发生。对于用户而言，每种消费行为都是一种表达，有表达就会被看见，也会产生被认同的需要。企业满足用户的这些需要，就会形成更高的渠道价值。美国营销协会（AMA）曾经定义渠道，将渠道级别和结构分为以下几种，见表 13-1。

表 13-1　渠道级别和渠道结构

渠道级别	渠道结构
0 级销售渠道	生产者→用户
1 级销售渠道	生产者→零售商→用户
2 级销售渠道	生产者→批发商→零售商→用户
3 级销售渠道	生产者→代理商→批发商→零售商→用户
	生产者→批发商→中间商→零售商→用户

当一种产品的产能超过市场需求时，企业要将产品卖出去，就必须依赖渠道。在渠道方面，面向企业的 To B 业务是代理商和批发商，面向用户的 To C 业务是零售店。规模化的大型仓储超市、连锁商店因此发展起来，掌握一定的话语权和定价权，逐渐打通上下游，获得一定的市场主导权。

如果说产品质量是第一生产力，那么渠道就是第二生产力。在渠道为王的时代，企业如果在商场、超市、服装批发市场、专卖店等重要场所都能占据较大市场，就会获利颇丰。因此，有人说："得渠道者得天下。"

你要衡量产品卖得好不好，需要看货架。而货架在哪里呢？在大家手机上的天猫、京东、拼多多。所以，与之前相比，渠道和货架已经发生了变化。渠道为王的时代逐渐变成流量为王的时代：谁拥有更多流量，谁就能获利。

对于品牌来说，天猫、京东、拼多多等平台除了是重要的渠道，还是重要的宣传媒介。随着技术的发展，无论是今日头条、抖音，还是快手；无论是新媒体，还是短视频，渠道为王、流量为王都业已式微，平台逐渐占据了市场的主导地位。

平台通过强大的服务能力和优质的消费体验，将大规模的内容生产者、内容推广者（渠道）和内容用户整合在一起，在为他们带来更多价值的同时，也占据了他们的时间和选择。例如，抖音标榜"15 秒提供一个新世界"，结合橱窗、鲁班电商、抖＋、星图等业务板块，已经成为今日头条整个产业链的核心。

随着消费个性化趋势的日益凸显，用户对产品与服务本身的要求也越来越高，渠道、流量带来的广告效应和转化率也逐渐降低。同时，随着经济的发展，铺租、流量、营销成本越来越高，如果企业还拿着"老地图"，那么必然找不到"新大陆"。如今，以用户为中心的价值营销模式才能适应市场发展趋势。而在不久的将来，用户经济时代终会到来。

13.2　场景与需求在前、开发在中、优化在后

在 4P 模型中,产品(Product)非常重要。一个产品从设想到成型,至少要经历四个步骤,这与达·芬奇画人像有异曲同工之妙。达·芬奇在画人像时,会遵循轮廓—骨骼—皮肤—成型的步骤,如果对应到做产品上,轮廓相当于场景,骨骼相当于需求,皮肤相当于开发,成型相当于优化。

首先说场景

企业在做产品前,必须想象出用户的场景,然后"画"出来。企业绝对不要认为,自己的产品适用于每一个用户。在互联网格局下,只有强化场景,切入一个其他产品难以触及的领域,企业才会有生存的空间。而且,当企业把场景描绘得越清楚时,产品的轮廓就越清晰,也就越能吸引用户。

其次说需求

做产品有一个关键点,那就是拥有"火眼金睛",能够看到事物的本质,达到实事求是、逻辑严谨的目标。假设你想通过产品满足用户需求,你就应该认真地把要消除的痛点写下来,然后将这些痛点变成切实的功能。一个好的产品,一定要具有核心竞争力。所以,企业在做产品时应该考虑好,支撑自己消除痛点的核心竞争力是什么。

然后说开发

产品开发是企业的生命线。在开发时,企业要量力而行,以用户需求为导向,以技术为支撑,并结合企业的发展战略,开发出能在市场上占据一定空间的核心产品;也可以形成产业链,推出产品组合。

最后说优化

优化是产品成型后的检验、改进。企业在对产品进行优化时,比较常用

的方法是找几个没有参与产品开发的员工试用产品，然后在他们提出意见的基础上对产品进行调整与再试用。

从场景出发，找到需求，进行开发，实现优化，按照这样的步骤做产品，不仅出错率非常低，而且产品质量也更有保障。毋庸置疑，高质量产品可以激发用户的购买（使用）欲望，也有利于品牌的拉新和留存。

13.3 利用发声点，形成品牌效应

推广（Popularize）是企业传播品牌的主要策略，目的是发挥力量，利用各种有效的发声点在市场上形成品牌效应，获得话语权。推广是企业满足消费者需求、培养消费者忠诚度的有效手段，首先要清楚推广是我们要做什么来改变和确定消费者对产品的态度或看法。

推广是通过媒体新闻、相关活动为企业做宣传。随着互联网的发展，推广的方式越来越多元化，这些方式可以让消费者更深刻地认识和了解品牌，使消费者与品牌建立更频繁的互动，提高消费者的参与感和认同感。

那么，企业应该如何为品牌做推广呢？如图 13-1 所示。

组织发布活动　　　创意传播内容　　　维护媒体关系

图 13-1　推广措施

1. 组织发布活动

企业通过策划、组织和利用有价值的内容和活动吸引一些受众,大范围地将品牌推广出去,这种方式受众面广、突发性强,能在短时间内能达到最大、最优的推广效果,为企业节约大量的宣传成本。活动分为线上、线下两种主要形式。

线上活动指通过社交平台等进行新媒体运营,如举办抽奖、评比、比赛等,这些都可以很好地吸引消费者的关注,从而进行品牌推广。例如,微博、微信公众号的抽奖活动与有奖竞猜活动就是非常有效的推广方式。此外,企业还可以在官网进行推广。

线下活动包括在各大卖场、专卖店进行的活动。企业利用卖场和超市的排面位置和醒目的推销海报,增加消费者接触产品的机会,这样可以直接影响销售业绩,提升品牌的知名度和影响力。

七夕前几天,北京一家奶茶店就在微信公众号上打出"今年七夕不下雨,免费请你喝三杯奶茶"的口号,消费者需要在微信转发活动文章,然后到店买一杯奶茶,才算报名成功。而奶茶店内设有等候区和书架,还张贴一些非常有趣的奶茶故事和 logo,既能缓解消费者在等待奶茶时的无聊感,又在无形中宣传了品牌。线上的转发活动扩大了消费者的参与范围,让更多人知道该店。线上与线下活动的结合形成一个良性循环,推动品牌的推广。

2. 创意传播内容

传播内容是从产品层面挖掘可以体现品牌特性的内容进行推广。企业传播出来的内容要具有非常强的辨识性和新意,这样品牌才能被消费者记住。文字要简短、精炼,不会给人带来阅读负担,内容要诙谐、有趣、有可读性。Zippo(打火机品牌)官网上的宣传图都会用几句话讲述每款打火机的特点及背后的故事,如图 13-2 与图 13-3 所示。

图 13-2　Zippo 的宣传图

图 13-3　Zippo 的宣传图

　　消费者可以通过简单的几句话快速选出最想要的产品，Zippo 也能表达自己的品牌故事，让消费者对品牌产生更深刻的记忆。

3. 维护媒体关系

随着互联网的发展，越来越多的自媒体成为推广平台，但主流媒体的地位仍不可撼动。企业要与主流媒体建立友好关系，通过主流媒体对企业的采编或报道，让内部资源和外部资源发挥各自特长，借力打力，合作共赢，这样既能进行推广，又能提升企业的可信度。

消费者在很大程度上是依靠大脑的潜意识做出决策的，也就是说，品牌的推广归根结底就是企业依靠各种方式对消费者的大脑进行投资，使消费者的潜意识倾向于熟识，从而记忆并选择品牌。

三只松鼠在这方面是行家。起初，三只松鼠的主要销售渠道是线上销售，基于此，三只松鼠就产品的包装和线上店铺的服务下了大功夫。三只松鼠天猫旗舰店的客服名称都是"××鼠"，强化三只松鼠在消费者心中的松鼠形象；客服跟消费者对话时使用的称呼是"主人"，表达其对消费者的重视。

除此之外，三只松鼠的零食包裹上会注明包裹来自"松鼠星球"，包装上将松鼠图标放置在鲜明的位置，加深消费者的印象，使三只松鼠的形象在不知不觉中"入侵"消费者的大脑。

除了线上店铺和产品包装上的"小心机"以外，三只松鼠拓展的线下实体店铺也是对消费者的大脑进行投资的重要手段。三只松鼠开设实体店铺的主要目的不是扩大销售范围，而是将三只松鼠的品牌形象通过实体店铺传达给消费者，使品牌进入消费者的大脑，让消费者在潜意识里信赖三只松鼠的产品和服务，并形成潜意识选择倾向。

三只松鼠还有品牌形象的专属宣传片，宣传片里有三个具体、鲜活的形象，分别是"鼠小美""鼠小酷""鼠小健"。三个形象有各自的性格与特点，形象更立体、更饱满，这使消费者在面对三只松鼠的产品时会感觉亲切、美好。

13.4　价值定价法：让产品发声

没有成功的品牌，只有时代的品牌。品牌和产品都有生命周期，时代淘汰一个品牌，往往是不可逆的，这是时代的残酷，也是市场争夺战场的残酷。

传统品牌的生命曲线坡度很缓，呈线性发展；新兴品牌的生命曲线坡度陡峭且拐点较多，往往是迅速崛起，又归于沉寂。还有些品牌只是昙花一现，甚至无法计算其生命周期。

对于广大品牌而言，满足用户需求是恒久之道。满足用户需求除了要考虑产品的性能，还要考虑产品的定价是否在用户的承受范围之内，这就需要企业在定价时采取一些合理的方法。而企业在为产品设定价格时一般使用基于成本的定价、基于竞争的定价、基于用户价值的定价等方法。

基于成本的定价即企业以产品的成本为参照，提高标价以创造利润。该定价方法的计算方式是：成本＋期望的利润额＝价格。这样定价的好处是无须进行大量的用户或市场调研就可以直接设定价格，并确保每个销售产品可以有回报。

基于竞争的定价即企业需要监控竞争对手对产品的定价，并设置与其相对应的价格。在充分市场化的态势下，这种方法会带来价格战，因此被称为向下竞争。

基于用户价值的定价是企业最应该掌握的方法，该方法是指基于购买者可能对产品（品牌）产生的价值感知定价，也可以表达为场景体验定价法。这种方法需要企业进行充分的市场研究和用户分析，了解最佳受众群体的关键特征、购买产品的原因、产品的哪些功能促使他们购买，并且要了解价格因素在购买过程中的占比情况。

除了上述定价方法，品牌界还有一些定价方法，如撇脂定价、满意定价、渗透定价。撇脂定价指产品以高价销售；渗透定价与撇脂定价相反，是指低价销售产品以扩大市场占有率；满意定价将价格定在中等水平，在一定程度上可以避免价格不合理的情况。

商业的本质是创新，创新的标准之一就是定价权。获得定价权的根本原因是企业的产品与同类产品相比有优势，得到了市场和消费者的认可。而定价权要靠创新和科技支撑，如华为依靠自身研发的技术与不断创新，研发出高质量的产品，在市场上获得定价权。

品牌应该以用户价值定价为基准，兼顾基于竞争和成本的定价。为了做好用户价值定价，企业通常要展开详尽调研。

Gabor Granger（价格断裂点模型）用于研究当产品价格出现变化时，用户购买意愿的变化。企业可以通过该模型找出销售额最大的价格点，流程如下：首先，企业向用户呈现产品，将准备好的一系列价格水平由低到高依次向用户呈现；其次，通过卡片或电子问卷的形式，分析用户在每个价格点的购买意向；最后，做数据统计，并据此为产品设定一个更合理的价格。

第 14 章

品牌营销工具的
时代新解之 4C 模型

在新消费时代，营销转型不只是增加在数字媒体领域的开支，而是应该改变整个营销策略。根据经典的 4C 营销理论①，品牌界衍生出了一个全新的 4C 模型，包括用户和转化、免费策略、社群、关系网。随着消费不断升级，4C 模型将对营销界产生越来越重要的作用。与此同时，企业也可以通过 4C 模型不断加强营销管理，使品牌宣传更上一层楼。

①4C 营销理论由美国营销专家罗伯特·劳特朋在 1990 年提出，与前文提到的 4P 模型相对应。4C 营销理论设定了营销组合的四个基本要素：用户（Consumer）、成本（Cost）、便利（Convenience）、沟通（Communication），同时强调应该从用户的角度制定营销策略。

14.1　消费升级，用户转化成为最关键的 Customer

在传统的 4C 营销理论中，第一个"C"代表 Customer，即用户，这是因为无论在什么时候，企业的营销工作都应该以用户为导向。在新的 4C 模型中，用户依然占据最关键的地位。尤其在新消费时代，企业更应该把重心放在用户身上，不断促进用户的转化。

典型的用户转化流程通常是这样的：不了解→有兴趣→了解→购买→分享→复购，其中每个环节都会对品牌产生重要影响。如果用户在某个环节流失掉，那么再将其召回的成本会非常高。因此，企业在进行品牌营销时，用户转化是一个不可忽视的重点。

假设你想开一家西点店，在正式开业前你可能需要做一些宣传，如发传单、拉横幅、发微博等。当然，你也可以不采取任何行动，毕竟在还没有形成框架时做宣传，不会对用户转化产生太大作用。但是，当西点店正式开业后，你就要全身心地投入"战斗"，付出多于平时两倍甚至好几倍的精力。通常看到并进入西点店的用户一般抱有以下四种心态：

第一，尽快解决饥饿问题的务实心态；

第二，想购买一些作为零食或者早餐的备用心态；

第三，期待可以购买到新品的尝鲜心态；

第四，希望用较低价格获得美味西点的省钱心态。

进入西点店的用户其实就算是度过了转化过程中的第一个节点。接下来要想进一步促进转化，就必须做一些更细致的工作，如布置灯光、改善卫生条件、制定合适的产品价格、推出优惠活动等。其实当用户进入西点店后，烘焙行业的质量分水岭才会真正显现出来。

用户在进行选择时，考虑的第一个因素往往是"颜值"，即外观、材料、制作工艺等；第二个因素是价格，即自己看中的产品是否有一个合理的价格；第三个因素是优惠活动，即自己的消费有没有在优惠活动的范围内。

当用户拿着心仪的西点去付款时，很多商家都会为即将到来的成交感到兴奋和激动。但是商家要把握好用户付款时跟用户近距离沟通的机会，不妨顺势做一些推销和引导。例如，加 5 元即可换购一个巧克力面包；充值 100 元即可成为会员，享受 8 折优惠等。这种做法虽然比较传统，也有些老套，但效果通常不错，而且投入产出比也比较高。

当完成初级转化后，接下来就是深入转化，即树立口碑，促进老用户的分享和复购。深入转化通常是无形的，难以评估效果，但无论效果如何，只要注重细节并持续细化，深入转化自然可以事半功倍。相比网店，实体店在深入转化方面具备更多优势，其中最主要的一个优势就是，以产品的特点为基础进行有针对性的推销。因此，在实体店里，每个店员都要主动与用户搭话，积极为用户推荐产品，与用户进行深入交流。

无论是网店还是实体店，从初级转化到深入转化的过程都非常重要。很多时候，同一个产品，不同的用户在不同的地点可能有不同的选择；同一个产品，相同的用户在不同的地点也可能有不同的选择。

这也就意味着，用户转化有明显的不确定性。所以，企业必须在合适的时间和地点，对合适的用户做合适的事，具体可以从以下几个方面进行说明。

1. 选择合适的时间

任何行业都有淡、旺季，这是难以改变的事实。例如，上午 11 点后，早餐店基本不会再有生意;中小学教育机构的宣传工作肯定集中在寒暑假前的那段时间;花店会在情人节、母亲节等节日推出极具吸引力的活动等。

2. 选择合适的地点

夏天是一个充满汗水、荷尔蒙的季节。宝矿力水特把广告投放到地铁站、运动场等户外场所,甚至投放在公交车上,而那句广告语——"汗的味道和水一样吗"让人有一种喝汗水的感觉,遭到不少人吐槽,如图 14-1 所示。

图 14-1　地铁站的宝矿力水特广告

其实这句广告语非常符合宝矿力水特这种电解质饮料的定位,因为人们做完运动后,除了补充水分,还应补充电解质。想象一下,当你打完篮球,大汗淋漓地去买水时,你会面对各种各样的饮品,看到宝矿力水特时,你肯定会自然而然地想到广告语——汗的味道和水一样吗? 于是,无论是出于对味道的好奇还是对功能的了解,你都会付款购买。

宝矿力水特的广告之所以能够取得非常不错的效果,主要是因为其选择了合适的投放地点。如果是一个在室内办公、喝着咖啡和茶水的白领,通过手机、电脑看到宝矿力水特的广告,购买欲望肯定比不上在户外的人。因此,我们绝对有理由相信,地点的选择也是促进用户转化的一个关键因素。

3. 选择合适的用户

从理论上讲，绝大多数产品适用于所有用户，但不同的用户有不同的使用时间。因此，企业在进行用户转化时必须选择合适的用户，通过已经建立好的用户体系进行数据收集和分析，最终形成科学、合理的执行方案。企业可以借助数据知道哪些是高价值用户，哪些是潜在用户，并在此基础上找到一个合适的切入点，以更好地完成引导工作。

4. 对用户做合适的事

现在随着零售需求端的不断变化，用户的消费心态已经呈现出新特点、新趋势，即越来越重视体验。而且，在新消费时代，用户的体验已经不局限于眼见为实，他们还喜欢悦耳的声音、沁人心脾的芬芳以及丝绸般柔滑的触感等，他们追求视、听、触、嗅、味等感官对相同的营销事件的不同体验。

因此，企业应该重视用户的感官体验。例如，无印良品通过门店的暖光灯和暖色装潢、空气中淡淡的香薰气味、空气加湿器喷出的香味蒸汽等，刺激用户的感官给予用户更美妙的体验。无印良品的这些细节设计充分考虑到用户的视觉、嗅觉以及触觉等感官体验。对综合感官体验的打造让无印良品在用户心中产生了独特的印象，能够让用户因为良好的体验自发地进行产品推广。

来自法国的咖啡品牌 Carte Noire 在进行甜点广告拍摄时，融合视觉与听觉要素，最终为用户呈现一场多维感官体验的饕餮盛宴。相比一人咬一口蛋糕、夸赞蛋糕美味的简单广告，Carte Noire 的广告能够充分调动用户的多种感官体验：鲜艳的色泽能刺激用户的视觉；咀嚼食物的声音能让用户食欲大增；活泼、有趣的背景音乐能撩动用户那颗迫不及待飞奔到 Carte Noire 享受美食的心。这些感官体验都可以进一步促进用户转化。

综合来看，企业只要把用户转化的各节点梳理清楚，把握好时间、地点、感官体验等细节,就可以在不花费巨额成本的情况下,将用户转化做到极致。对于企业来说,着眼于用户转化流程是实现爆裂营销的重要方法,很多工作的开展都应该由此开始。

14.2　免费策略会给你意想不到的收获

传统的 4C 营销理论关注成本(Cost),强调企业要在保证盈利的情况下降低用户的购买成本;新的 4C 营销模型同样把成本放在一个非常重要的位置。但是,4C 营销模型通常更倾向于用免费策略吸引用户的关注,使用户对产品产生信任感。

免费策略通常没有太大风险,用户在使用产品后如果觉得好用,自然而然就会建立信任,成为企业的粉丝,并主动传播与分享产品。

适合企业使用且效果不错的免费策略主要包括以下几种:

(1)免费体验式策略。现在很多办公软件、网上课程等都有免费体验的服务,企业可以借此了解用户对产品的反馈,对产品进行升级与改造。

(2)免费抽奖式策略。免费抽奖现在已经成为很多企业的引流工具,如深受年轻人欢迎的得物 App、识货 App 等,如图 14-2 所示。用户参与免费抽奖通常是有条件的。例如,得物 App 需要用户转发抽奖信息到微信、微博等平台,让用户的好友助力,这种策略比较适合需要吸引新用户、本身缺少用户资源的新兴品牌。

图 14-2　识货 App 的免费抽奖活动

（3）免费获得式策略。该策略包括充话费送手机、买拍立得送相纸、买护肤品送面膜、买茶叶送茶具、买皮鞋送袜子等，比较容易理解，操作也很简单。

（4）免费集章式策略。企业为购买产品的用户发放集章卡，用户在集满所有章后可以获得相应的奖品，这样有利于将用户锁定，促进用户进行二次消费甚至多次消费。

（5）免费助宣传式策略。朋友圈分享、转发、点赞以获得奖品的策略随处可见。例如，某品牌为了宣传和推广一款口红，开展了一次优惠活动：奖励评论区点赞数量前 10 名的粉丝每人 1 支口红，这起到非常不错的宣传效果，为该品牌成功吸引一大批新用户。如今，这款口红的销售量已经达到万级。

此外，视频创作者铁管教练也曾经在某条视频中为华为荣耀手机打广告，而且还表示，会在转发的粉丝里抽取三人赠送手机。还有专注产品测评的 iron 涛－savior 也在某个视频中表示，要抽一个人送出 slow beat 便携摄影棚套装，如图 14-3 所示。

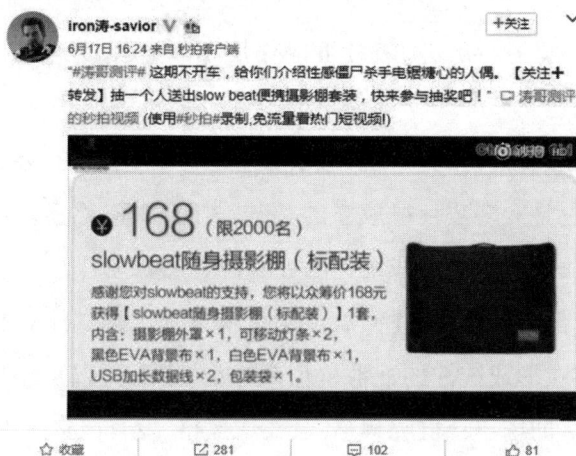

图 14-3　iron 涛－savior 送奖品

现在，免费不仅是一种宣传策略，也是一种被越来越多品牌所认知和广泛运用的商业模式。从作用上看，它不仅可以为企业创造可观的收益，帮助企业吸引更多用户，还可以打响品牌的知名度，进一步提升品牌的影响力。

14.3 基于兴趣创立社群，形成统一价值观

便利（Convenience）是 4C 营销理论的关键组成部分，强调企业要为用户提供更大的消费便利。近几年，社群营销作为一种新型营销方式获得广泛关注。企业可以将兴趣相似、价值观统一的用户用社群聚集在一起，打通内部和外部的资源连接。

在社群的助力下，用户可以通过更多元化的渠道，如微信群、QQ 群、微信公众号、抖音、快手、直播平台等，用更便利的方式接触产品，并从中挑选和购买自己喜欢的产品。随着社群的作用不断显现，社群在新的 4C 营销中占有一席之地。

企业在通过社群为用户提供消费便利时，兴趣非常重要。兴趣是最好的老师，同时也是大多数社群成立的基础，先有兴趣，然后培养对这个兴趣的统一看法，长此以往就形成统一的社群价值观。

社群成员都有其自身的特点，他们之所以加入同一个社群大多是基于同样的兴趣。在形成统一的社群价值观方面，企业可以从小事入手使社群内的成员同化，如统一社群昵称格式、头像风格、发言风格等。

统一社群的风格是统一价值观的第一步。那么，企业应该如何统一社群风格呢？

首先,仪式感有利于增强社群成员的归属感,特定的规律可以强化社群成员对社群的认知,习惯有利于增强社群成员对社群资源的依赖。例如,小米的"橙色星期五",每周五固定发布开发版的 MIUI,用户在接受这个规律后就会形成习惯。再如,学习打卡群、健身打卡群等,每天打卡,用户在互相鼓励与目标激励中形成规律性行为,久而久之,就养成了学习、健身的习惯。

其次,新社群时代,兴趣成为社交的重要原则。正所谓"最强的互动不在好友之间,而在同好之间。"企鹅智库提供的数据显示,27.4%的人活跃在兴趣类社群中,兴趣实现了个人意志的自由聚合,是社交产品的革新。而移动社群则突破空间和时间的限制,为人与人之间的互动提供便捷的服务和体验,由兴趣社交进一步向资源协作和价值共享社交延伸。

再次,在移动社群时代,用户借助社群的社交功能满足自己分享信息、社会交往、社会认可等需求,这也就是所谓的半熟社交。而兴趣类社群的产品,通常专属于社群成员,风格贴近社群文化,以社群成员为主要购买者。这类产品不是社群商业转化的主要渠道,但能增强社群成员的凝聚力,还可以让社群成员养成付费习惯,为下一步商业转化打下基础。

最后,追星心理普遍存在于每个人心中,虽然成年人很少像年轻人一样为了购买偶像的演唱会门票而节衣缩食,但与自己喜欢的 KOL(关键意见领袖)接触还是会产生兴奋感。因此,兴趣类社群的产品要符合社群成员的兴趣,要对成员非常有吸引力。

此外,不要忽视 KOL 的影响力,多利用明星效应,留住粉丝。例如,亲笔签名、现场合影等,都能激发社群成员的热情,最终转化为获利能力。很多时候,物质吸引只能维持社群成员一时,却无法让社群成员产生归属感。

真正激活社群的是精神力量,而 KOL 就是社群活力的"发动机"。社群的 KOL 就像兴趣领域的权威人士,所有成员都以他为努力的目标。他能凭借自己的影响力,不断向社群成员强化社群价值观,并引发社群成员的思考。

只有 KOL 足够活跃，才能不断创造话题激发社群成员的参与、讨论与思考，让社群始终保持活力。KOL 就像是内容生成器，不断输出内容，拓展社群的场景，打破原有的社群边界。这就是罗辑思维已经具备了足够的吸引力，但创始人罗振宇还时常奋战在内容输出第一线的原因。因为 KOL 输出的内容是社群成员喜闻乐见的，比官方账号的内容输出更让人感兴趣。

14.4　与消费者关联，打造关系网

传统的 4C 营销理论认为，企业应该与消费者进行积极、有效的沟通（Communication），并通过沟通找到能同时实现各自目标的方法和途径。而新的 4C 营销理论则在此基础上进一步深化这种沟通，强调企业要与消费者关联，围绕双方的共同利益建立一个强大的关系网。

对于企业来说，消费者不仅是产品的购买者，更是品牌核心理念的传播者和经营决策的参与者。企业要重视消费者的角色，努力让品牌与消费者产生关联，形成关系网。那么，企业具体应该如何做呢？可以从以下几个方面入手。

1. 通过产品和服务与消费者深度交流

对于企业来说，传达理念的媒介是其生产的产品和提供的服务。消费者通过使用产品、享受服务，能够从中体会到品牌的核心理念和价值观。如果企业的产品和服务更人性化，体现对消费者的关怀，就能赢得消费者的好感，加深品牌在消费者心中的好印象。

2. 开展能够与消费者高度互动的活动

通过产品和服务与消费者交流虽然是主要途径,但不是直接途径。企业如果想要与消费者实现更有效、更快速、更直观的深度沟通,不妨开展一些能够直接与消费者接触的活动,跟消费者面对面进行理念上的沟通,实现消费者对品牌的认同。

3. 进行品牌价值观主题的促销活动

除了举办与消费者直接接触的活动,企业还可以举办一些能够体现品牌核心价值观的促销活动。例如,天猫网上店铺就经常举办为农民处理滞销农产品的公益性促销活动,从而对消费者进行核心价值观的传递,赢得消费者的信任与支持。

4. 提供超出产品和服务之外的增值服务

如果企业能够为消费者提供超出产品和服务之外的增值服务,那么消费者对品牌的好感会大大提升。例如,阿里巴巴旗下的飞猪旅行会在消费者完成网上订票后,为消费者提供发车提醒、行程规划、特色景点、酒店推荐等服务,这样能够为消费者降低选择成本,体现品牌为消费者服务的核心理念。

第 15 章
品牌营销工具的时代新解之 4D 模型

　　用户与品牌之间的联系出现社交化、本地化、移动化等特征,用户的购买特点也逐渐呈现全天候、多渠道、个性化等趋势。4D 模型可以帮助企业更好地适应这种特征和趋势,其强调以用户为核心,以互联网思维为指导,重新定义新消费时代的品牌营销。

　　所谓 4D 模型,分别代表需求(Demand),即充分了解用户的需求;数据(Data),即保持对数据的敏感性;传递(Deliver),即把细节传递给用户;动态(Dynamic),即打造立体化的动态沟通机制。企业应该掌握这个模型,并根据这个模型不断升级自己的营销策略。

15.1　聚焦需求, 引发"一眼之恋"

4D 模型的第一个"D"是需求(Demand), 企业要了解需求的重要性。如果企业没有接触用户, 仅凭臆想和猜测随意捏造用户的需求, 那么不仅毫无益处, 甚至还可能为营销带来严重后果。因此, 企业要充分了解用户的需求, 并不断聚焦需求。

蘑菇街在这方面做得非常不错, 它牢牢地抓住了用户的需求, 借助社交玩法赚足热度。例如, 为了满足女性用户的需求, 蘑菇街不仅设置了"打卡领红包"活动, 还设置了各种各样的满减优惠活动, 从而激发她们"买买买"的欲望。

此外, 蘑菇街拥有自己的核心理念, 注重用户的消费体验及消费速度。在速度上, 蘑菇街要快速切入新流量市场; 在用户体验上, 蘑菇街要迅速打造出"即看即买, 即买即走"的消费模式。综观蘑菇街的发展及盈利模式, 我们可以发现, 它之所以能够在第一时间吸引用户, 充分聚焦用户的需求, 是因为它拥有以下四个秘诀, 如图 15-1 所示。

首先, 蘑菇街的定位很明确, 将目标群体锁定为女性。在"蘑菇街女装精选小程序"的主页面上, 不仅直接进行产品展示, 还充分利用 SEO 技术为用户精准推荐产品, 做到因人而异, 这样用户就能更快捷地找到自己心仪的产品, 最终提高产品转化率。

其次, 蘑菇街通过直播营销, 增强用户的消费黏性, 从而更好地吸引用户。蘑菇街在其小程序中设置了直播环节，借助网红效应，促进产品销售，该环节仅上线一个月，人均播放次数便提升 40％，人均播放时长提升 100％。借助直播的广泛传播，越来越多的用户爱上了蘑菇街，并且愿意在蘑菇街购买产品。

秘诀一	秘诀二	秘诀三	秘诀四
锁定女性 产品精美	直播营销 时尚个性	拼团消费 好玩有趣	社交营销 玩转社群

图 15-1　蘑菇街如何聚焦用户的需求

再次，通过拼团消费模式，蘑菇街为用户创造了既好玩又有趣的体验，吸引用户的眼球。蘑菇街提供的数据显示，拼团消费模式给蘑菇街带来 70％以上的新用户。如今拼团消费模式已经成为时尚、优惠的购物新潮流。同时，在拼团消费过程中，蘑菇街的老用户无疑做了口碑宣传，这样就能够迅速带来巨大流量。

最后，借助立减金这个社交玩法，以社群营销的方式，蘑菇街进一步带动了消费。所谓立减金就是微信好友之间可以通过分享产品获得价格减免资格，通过这样的方式让多人同时消费，从而刺激消费。蘑菇街提供的数据显示，立减金上线仅 12 天就为蘑菇街带来 50 万个新用户，而且这些新用户的转化率达到 18％。

由此可见,蘑菇街深受用户的欢迎和喜爱不是没有道理的。如果企业也想让自己的产品成为爆品,引发用户的"一眼之恋",就要锁定目标群体,充分挖掘其需求,利用时尚、新颖的玩法吸引其关注,使其产生有趣、有料、有优惠的感觉。

15.2　充分利用数据,做个性化营销

4D 模型的第二个"D"是数据(Data),企业不能失去对数据的敏感性。在传统消费时代,敏感性通常是指对市场的敏感性,但在新消费时代,技术为企业提供很多便利,敏感性也逐渐演变成对数据的敏感性。因此,企业要保持这样的敏感性,充分利用各类数据。

对于企业来说,数据有很多作用。

首先,数据能够帮助企业分析用户的行为与特征。只要积累足够多的数据,企业就能分析出用户的喜好与购买习惯,甚至能做到"比用户更了解用户自己",这也是企业实现个性化营销的前提与出发点。

无论如何,那些将"一切以用户为中心"作为口号的企业可以反思,过去是否真的能及时、全面地了解用户的想法。或许只有在数据时代,这个问题的答案才更明确。

其次,数据的应用有助于实现品牌的个性化营销。个性化营销从很早之前就被很多企业重视,但落到实处的企业少之又少,究其原因,主要就是缺少数据支撑及详细、准确的数据分析。相对而言,现在的营销工作已经越来越个性化,而背后依靠的就是数据。

　　如果企业能在产品生产前了解用户的主要特征，以及他们对产品的期待，那么企业生产的产品即可投用户所好。为了迎合数据时代的到来，天猫将口号从"上天猫　就购了"改成"理想生活上天猫"。

　　很多人疑惑为什么天猫不再提卖货，而更多是讲趋势、造理念。

　　未来，我国将拥有更多中产消费者，他们对购物体验及服务体验都提出更高的要求。而且，他们十分推崇理想生活，希望可以买到更个性、优质的产品。天猫通过对用户的消费数据进行分析，发现消费趋势已经从重价格转变为重质量和服务，而天猫变更口号正是源于其对数据的敏感性，希望让口号更符合时代潮流——理想生活。

　　为了更好地利用数据，天猫每个月都会总结天猫品牌力榜单、天猫消费趋势榜单等。在数据的助力下，天猫的总销售额保持增长状态，各类购物节的销售成绩更是可圈可点。其他企业也应该像天猫这样，充分利用数据，让数据发挥更大的作用。

15.3　向消费者传递更完善的细节

　　4D模型的第三个"D"是传递（Deliver），强调企业要向消费者传递更完善的细节，积极进行品牌创新和营销创新，化挑战为机遇，在市场竞争中立于不败之地。接下来讲一个国外企业关于创新的案例，以便大家更好地理解细节和创新的作用。

　　故事发生在一家生产牙膏的企业，这家企业生产出来的牙膏包装精美，质量上乘。但企业在经过十几年的发展后，进入业绩停滞期。为了解决这一困境，董事局召开高层会议。在会议上，一个经理扬起手中的纸条，信心满满地对总裁说："我有个创意，若您想要用我的创意，必须额外付我 5 万元。"总裁听后非常生气，认为这个员工太狂妄。但这个经理又解释道："总裁先生，别误会。若我的建议行不通，您可以将它丢弃，不必付钱。"

总裁听过解释后接过经理的纸条，打开看了看，立即付给经理 5 万元的奖励。其实纸条上就写了一句话：将现有的牙膏开口扩大 1 mm。这个建议高超的地方就在于关注到了一个非常小的细节。因为将牙膏开口扩大 1 mm，消费者每天刷牙时就会多用 1 mm 的牙膏。每个消费者每天的用量都多一点，久而久之消费量就会成倍增长。

总裁听完建议后立刻更换了牙膏的包装，这个创意使企业走出业绩停滞的困境，营业额增加了 32%。此案例告诉我们，细节创新是品牌创新的发力点，在细节中发现产品的问题，及时调整，往往能够为品牌带来意想不到的效果。

在细节之处创新的品牌有很多，大都取得了很好的效果。例如，帮宝适的细节创新就让其在与好奇纸尿裤的竞争中脱颖而出。帮宝适和好奇这两家企业都是将"吸水性强"作为品牌的主打优势。"吸水性强"的纸尿裤往往较厚，不透气，舒适度也不够，容易导致宝宝"红屁屁"，这就忽略了宝妈们对产品的最大期待，就是能够帮助她们更细致地照顾宝宝，让宝宝更舒服。

帮宝适率先察觉这一细节问题，认识到自己以前一直将"吸水性强"放大化，其实宝妈们的注意力并不仅在纸尿裤的吸水性上，而是更在意宝宝的发育与成长。因此，帮宝适集中精力在纸尿裤上做一些细节改动，如设置了提醒宝妈们换纸尿裤的湿度显示计、增加了帮助宝妈们轻松换纸尿裤的胶条等。

帮宝适在细节之处的调整让宝妈们感到很暖心，宝妈们感受到了帮宝适的品牌关怀和用心，满足了她们对产品的期待。很快，帮宝适凭借在细节之处的创新成为纸尿裤市场的龙头品牌。

品牌的创新能够让消费者感受到品牌的用心、体贴。创新的正确做法是从细节入手，根据消费者需求提升产品的质量，这样才能击中消费者的内心，让他们感受品牌的创新能力，不断提升品牌的影响力。

15.4　加强互动，与用户进行动态沟通

4D 模型的第四个"D"是动态（Dynamic），这里的动态代表动态沟通。企业与用户进行动态沟通一个比较不错的方法是互动。互动相当于口碑营销，指的是企业通过各种方式在线上或线下与用户进行沟通，也可以是用户与用户之间就某个品牌进行沟通。

互动注重用户体验，可以使品牌与用户之间、用户与用户之间的联系更紧密，这种方式就像企业与用户在玩游戏一样，通过轻松、愉悦的方式完成交流，实现产品与品牌的宣传。互动通常可以分为两种，一种是线上互动，另一种是线下互动。

线上互动相对来说比较简单，如双方通过视频、文字、图片等方式进行交流，企业可以通过举办网上竞赛投稿的方式与用户进行互动。线下互动形式则更丰富一些，如宣讲会、游戏比赛、产品试用等，这种互动能够让企业的形象更丰满，也使产品与品牌得到快速传播。

目前互动产生的效果已经被许多企业看到，纷纷采取这种方式进行营销。例如，法国铁路局就采用了这种方式。哆啦 A 梦这个经典的动漫人物想必大家都了解，肯定也知道它有一扇"任意门"，这扇门可以带人们去任何

地方。"任意门"曾经遍布欧洲街头，打开"任意门"，你可以跟欧洲其他任何地方的人进行沟通与交流，如图 15-2 所示。

图 15-2　欧洲街头的"任意门"

当然，这种"任意门"不是真的能够带人们去任何地方，它里面有一块大屏幕，可以支持身处异地的人们进行实时视频通话。人们通过这扇门可以感知另一个城市的风貌，并与当地民众进行实时互动。不得不说，这是一个非常有创意的互动营销。

法国铁路局通过互动的方式进行宣传，告诉大家法国的火车就像"任意门"一样，可以将你带到欧洲的任何地方，让你领略不同地方的风情。

这种让用户与用户互动，以实现营销的做法其实不多，更多的是企业与用户互动。

乐纯酸奶就是通过企业与用户互动宣传自己的品牌的。乐纯酸奶曾经发起一个早餐计划——"乐纯请八万人免费吃早餐"，从关爱自己、关爱同事入手，提醒大家一起吃好早餐。这个活动一经发起就吸引了近千家企业参与，并获得了近十万目标消费者的关注。虽然仅是一份早餐，但乐纯酸奶这种从用户角度出发、为用户免费发放早餐的方式，使这次互动营销大获成功。

既然互动营销有这么好的效果，那么企业应该如何进行互动营销呢？关键在于掌握以下几个重点，如图 15-3 所示。

1. 多接触

这里的接触指的是企业要与用户多接触。企业要想与用户进行互动，了解用户的真实状况与需求必不可少。在接

图 15-3　互动营销的重点

触用户的过程中，企业除了能够进一步了解用户的想法、拉近彼此的距离，还可以了解市场现状，从而制定出更合理的营销方案。

2. 巧运用

巧运用主要是指对目标人群和传播机制的运用。首先，企业要根据品牌特色与活动特点，有针对性地确定目标人群；其次，对已经确定的目标人群进行相应的品牌宣传活动；最后，企业要运用传播机制，让更多用户了解活动并鼓励用户参与。

3. 好文案

无论企业进行什么方式的营销，活动前后都需要一个好文案，尤其是进行互动营销。很多人之所以愿意了解活动，主要是因为被好文案吸引的。一个暖心、有趣的文案能够让用户驻足观看并参与到活动中，从而实现对品牌的传播。

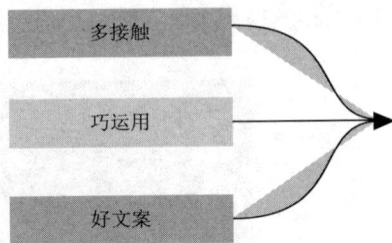

第 16 章

品牌营销工具的时代
新解之 AIDA 模型

为了完善品牌体系,加强品牌管理,让企业的产品被更多消费者购买,一些营销专家提出了 AIDA 模型——注意(Attention)、兴趣(Interest)、欲望(Desire)和行动(Action)。该模型为我们展示一个道理:营销可以分解为不同的层次。企业在衡量营销效果时应该分别了解相关活动引起用户"注意"的程度、能否激发用户的"兴趣"、能否激起用户的购买"欲望"、能否让用户有所"行动"。

16.1　引起注意，赋予用户惊喜感

之前，品牌与用户之间一直存在信息不对等的情况，但随着互联网的发展，这种情况有了明显改善。论坛、贴吧、QQ、微信、微博等社交平台层出不穷，技术让世界变得透明。

在竞争激烈的市场上，品牌成为用户选择产品的重要依据，也是企业地位和实力的象征。因此，企业为了让用户在众多产品中选择自己的产品，就要利用品牌引起用户的注意。人们对品牌的偏好大部分从视觉获得，所以树立良好的品牌视觉形象十分有必要，这也是确定企业在大众心中地位的有效途径。因此，很多企业总是把产品放在品牌旁边，或者通过邀请形象代言人、举办品牌活动、进行模式创新等方式吸引大众的注意力。

例如，匹克（PEAK）以"运动＋技术"为核心，将自己打造成敢于创新、敢于革新、敢于行动的科技型国货品牌。现在匹克在科技创新方面已经取得不错的成绩。2020 年 11 月，匹克与卢浮宫博物馆携手举办联名大秀，改变传统品牌不够酷、不够潮的主观印象，带来很多融合科技与艺术元素的产品，如图 16-1 所示。

此次活动不仅让匹克有了更高的知名度和更强大的影响力，还为当年"双 11"创下近 2 亿元的产品销售额。匹克作为运动品牌的佼佼者，一直坚持创新，希望用技术提升生产效率。如今，匹克引进 3D/4D 打印技术生产产品，成为智能制造领域的引路人。

图 16-1　匹克与卢浮宫博物馆的联名大秀

　　为了弘扬技术的重要性、传递企业文化和使命,匹克于 2020 年 12 月举办了 125 PEAK Tech(匹克未来运动技术大会),向外界展示新技术成果和更完善的行业解决方案。在这场大会中,匹克将 3D/4D 打印技术在各领域的应用及其对产品生产的赋能情况进行阐述。

　　此外,加入了轻弹技术的太极 3.0 系列产品也在大会中惊艳亮相,该产品兼顾自适应中底技术和轻量化体验,外观设计也十分新潮,很好地帮助匹克实现转型升级。匹克还提出"赛高计划",即在内部孵化新物种,整合技术、生产工艺、供应链,打破设计师与用户之间的壁垒,让产品更有创意和科技感。例如,匹克的设计师以激光幻彩、杜邦纸金属色、透明 PVC 等多种面料折射出关于未来的想象力,呈现技术与艺术融合的美感和极致体验。

　　近几年,匹克一直致力于技术研发,将三级缓震、梯度双能、轻弹等技术应用到篮球鞋、拖鞋、健步鞋等产品上,使这些产品迅速成为很受欢迎的"爆款"。当然,这也让之前陷入低谷的匹克获得新生,用技术重新定义和激活国货品牌。

　　除了匹克,李宁也在引起用户的注意方面取得成功。李宁借助国潮概念,让中国元素在传统与现代的碰撞中巧妙结合,形成时尚潮流。李宁曾经在纽约时装周将"中国李宁"四个字印在具有潮牌气质的服装上，点燃中国人的潮流自信，如图 16-2 所示。

图 16-2　印有"中国李宁"的服装

融合中国元素的新产品一经亮相就引起社交网络的疯狂刷屏。时装周结束没多久，李宁的股价大涨，为李宁的产品带来爆炸式的关注度，让李宁以国潮之名重获新生。随后，诸多国产品牌纷纷向世人展示东方美学，引发一波又一波热议。

引起用户的注意是 AIDA 模型的第一个环节，如果企业给了用户足够的惊喜，就会有更高的销售量。如果企业的产品不错，那么用户在获得消费体验峰值时，甚至会拍照在社交媒体进行分享，提升复购率。

16.2　激发兴趣，用户主动购买产品

企业建立品牌的目的就是为了让用户注意自己并对自己产生兴趣，如

果品牌不能引起用户的兴趣,这个品牌就没有意义。而且,企业要想做好营销工作,也需要通过品牌引起用户的兴趣,让用户主动了解品牌,使品牌得到更广泛的传播。

那么,企业应该怎样做才能引起用户的兴趣呢? 一般用户在对某种事物有兴趣时,会有高兴、满意等情绪。因此,企业在营销过程中,要及时洞察用户对哪些事物感兴趣,揣摩用户的心理和需求。兴趣存在积极和消极两种倾向,这就要求企业在研究用户的兴趣时必须引导与鼓励用户的积极兴趣、转移消极兴趣,从而实现品牌传播。

在直播界的用户争夺战中,牢牢抓住用户的兴趣并深挖力凿,直播App 才能占领市场。下面以斗鱼为例对此进行说明。

斗鱼自上线以来,定位就是"以游戏为核心",致力于让自己成为"每个人的直播平台"。经过详细的大数据调查与分析,斗鱼发现观众的兴趣多集中在游戏和娱乐上,这正好与其定位一致。斗鱼的官网首页充满电竞氛围,有整屏的直播间动态,如图 16-3 所示。

图 16-3　斗鱼官网

一进入斗鱼的官网,喜欢游戏的用户就能提起兴趣。用户无意识地就被吸引,主动围观游戏,点燃游戏需求。即使用户从未玩过直播的游戏,也会被动地体验一把游戏，甚至部分用户还会因为 KOL 的刺激与引导，激发自己对游戏的好奇和尝试。

斗鱼是完全垂直于游戏直播的 App，全面覆盖各种类型的游戏，包括客户端游戏、手机游戏、单机小游戏等。用户可以通过游戏名称直接搜索自己感兴趣的直播内容，也可以根据斗鱼的推荐选择直播主播，这种纵向的运营方式使斗鱼在游戏直播领域聚集很多游戏精英。

为了更大程度地激起用户的兴趣、扩大用户规模、提高用户的参与度，斗鱼开展多场大型电竞赛事，如黄金大奖赛等。斗鱼不仅为用户提供比赛平台，还打造了强大的游戏 IP，使平台知名度和影响力有了进一步提升，如图 16-4 所示。

图 16-4　斗鱼黄金大奖赛

从斗鱼的案例可以看出，做好兴趣挖掘对品牌传播、品牌营销的重要性。因此，迎合和引导用户的兴趣已经成为企业的发展策略。企业要想立足用户的兴趣并做好 IP 传播，必须关注以下内容：

（1）把自己或自己的团队打造成行业大咖。当用户进入一个新场景时，他们愿意留存是因为能够在这个场景中满足自己的需求。如果圈子里的人都是"小白""菜鸟"，用户没有办法从中得到收获，企业就很难找到用户的真实兴趣，用户也很难留存。

（2）对人性的巧用。有些企业为了留住用户，采用各种拉群、秒杀等手段，这利用的是用户追求实惠的心理。这类营销方式既满足了用户对喜爱事物的追求，同时又给予他们相应的回馈，在无形中提高了他们的兴趣。

（3）对精神兴趣的打造。能够在精神上打动消费者的产品才是好产品。因此，企业在引起用户兴趣的同时，也要注重与用户产生精神共鸣。

16.3　欲望与高辨识度产品相辅相成

《定位》一书告诉我们，营销的终极战场是抢占用户心智，激发用户对产品的购买欲望。对于很多企业而言，进入用户心智、打造高辨识度产品以激发购买欲望是毕生所求。但是，企业要想把这件事情做好，却不是那么简单的。

提起精油，绝大多数人首先想到的品牌就是阿芙。当然，如果是阿芙的忠实用户，还可以想到那幅以紫色薰衣草花为背景的广告图，以及那两句极其经典的广告语："阿芙·就是精油""独立·美—独立的女人最美"，如图 16-5 所示。

我们不妨思考这样一个问题，国内市场是否只有阿芙一个精油品牌？其实，如果打开淘宝或者京东搜索"精油"，就不难发现，除了阿芙，还有很多其他精油品牌。但不得不说，阿芙确实在用户心里留下了深刻的印象，让用户有很强烈的购买欲望。

图 16-5　阿芙的广告图

阿芙刚进入精油市场时，国内还没有出现非常知名的精油品牌，人们对精油的功能、价格、效果也没有深刻理解。于是，阿芙牢牢抓住进入用户心智、成为行业第一的机会，迅速展开行动，开发了一些具有高辨识度的产品，巧妙地占据了"天时、地利、人和"。

在用户没有认知基础的情况下，企业要想像阿芙一样进入用户心智，让用户对产品产生购买欲望，关键就在于打造高辨识度产品，而打造高辨识度产品，至少要把握以下几个要点，如图 16-6 所示。

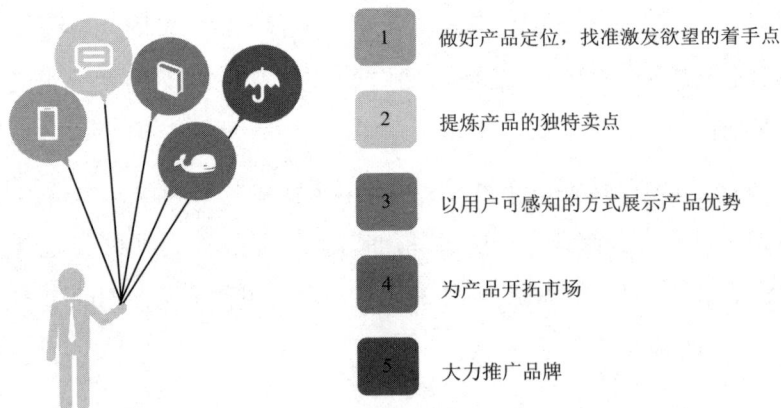

1	做好产品定位，找准激发欲望的着手点
2	提炼产品的独特卖点
3	以用户可感知的方式展示产品优势
4	为产品开拓市场
5	大力推广品牌

图 16-6　如何打造高辨识度产品

1. 做好产品定位，找准激发欲望的着手点

沙米是种植在内蒙古奈曼沙漠的弱碱有机大米，沙米的价格比普通大米要高出近 10 倍。即使如此，经过一系列营销策略，沙米依然获得了广大用户的青睐。在深刻追溯了大米的发展历史后，沙米找到了一个可以分化的品类——沙漠大米，并成为沙漠大米的开创品牌。沙米的广告语——"沙漠里种出的有机米"，朴实无华却能直接彰显品牌特色，如图 16-7 所示。

图 16-7　沙米——沙漠里种出的有机米

绝大多数人都觉得，沙漠的形象是荒凉、干燥、死气沉沉、寸草不生的，在如此恶劣的环境中种植水稻，并产出大米，简直是一件前所未闻、颠覆认知的事情。通过凸显这样的反差，沙米成功引起了用户的注意，激发了用户购买新型大米的欲望。

2. 提炼产品的独特卖点

提炼产品的独特卖点可以分为四个步骤：了解产品属性、研究竞争对

手、梳理七个关键问题、利用清单自检。

首先说了解产品属性，即弄清产品能为用户解决什么问题？可以从产品的外观、生产时间、材料、材质、工艺、功能、适用人群、情怀、效果、价格等方面入手。

其次说研究竞争对手。所谓"知己知彼，百战不殆"，企业除了要为自己的产品提炼卖点，还要对竞争对手的卖点了如指掌，研究相互之间是否存在同质化现象。例如，泰诺在自己的广告中说道，"阿司匹林不是最理想的止痛药""幸好，有泰诺"，既借助了竞争对手的力量，又突出了自己的优势。

接着说梳理七个关键问题，此步骤的主要作用是确定卖点，具体包括以下七个问题：

(1)产品有哪些值得关注的细节？

(2)产品可以解决哪些问题？为什么能解决这些问题？

(3)产品有什么显著的特点和优势？

(4)产品弥补了其他同类产品的哪些弱点？

(5)产品的好体现在哪些设计和生产的细节上？

(6)产品的好体现在哪些实际发生的结果或者用户行为上？

(7)到目前为止，产品获得了哪些信任背书？

企业认真回答上述七个问题后就会对自己的产品有更深刻的认识，从而使卖点更科学、合理、与众不同。

最后说利用清单自检。一般卖点确定好后，企业还要利用清单进行自检。自检内容主要包括三项，有没有辨识度、竞争力够不够强、具不具备唯一性。如果产品的卖点既有辨识度、竞争力也够强，又具备唯一性，那就说明企业将卖点提炼得非常成功。

3. 以用户可感知的方式展示产品的优势

提炼出产品的卖点后，产品的优势也随之显现，这时，企业就需要将优势以用户可感知的方式展示出来，具体应该从以下两个方面入手：

（1）用色彩视觉强化记忆点。还以阿芙为例，阿芙的广告图之所以能够有过目不忘的效果，在很大程度上是因为对色彩视觉的打造非常出色。为了凸显原材料薰衣草是从国外进口这个优势，同时也为了诠释品牌理念，阿芙选择紫色的薰衣草花丛为广告图的背景（具体可见图 16-5），并且一直没有更换过，吸引一大批追求美丽、热爱自然的用户。

（2）通过对比彰显价值点。有些产品的价值点不是非常容易感知的，此时企业可以通过对比将其彰显出来。企业不妨引入一个对标产品，与自己的产品作对比。例如，小米手机刚进入市场时，雷军为了彰显产品的价值点，特地找了一些同类手机（如三星、HTC、摩托罗拉等）与小米作对比，此举不仅突出了小米手机的优势，还降低了用户的感知难度。

4. 为产品开拓市场

如果企业想为产品开拓市场，那么首先要宣扬产品的竞争力，这里所说的竞争力包括很多内容，如性价比、售后服务、技术含量、生产工艺、质量、原料等。然后，要借助相关渠道将这些竞争力传递出去，帮助产品渡过市场开拓期，推动品牌的高速发展。

5. 大力推广品牌

很多时候，品牌与产品其实是一个整体，品牌具有辨识度就相当于产品具有辨识度。因此，大力推广品牌也是提升产品辨识度的好方法。对于那些发展不太成熟的新品牌来说，推广的捷径就是与其他品牌达成合作，为自己累积足够的市场基础。例如，摩拜在做推广时，就与健康饮食品牌Wagas 合作，共同开设非常有调性的线下门店，缩短了自己与都市白领之间的距离，如图 16-8 和图 16-9 所示。虽然后来摩拜并入了美团，但其推广品牌的策略依然有借鉴意义。

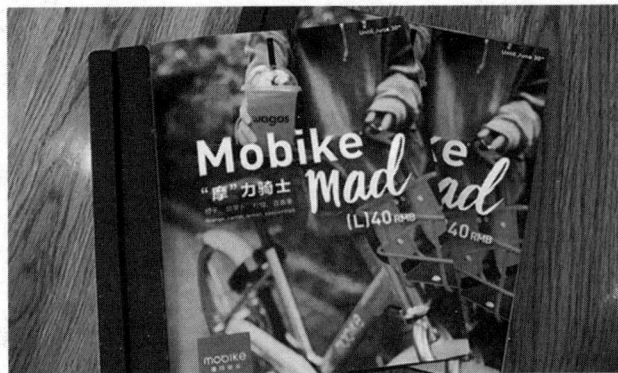

图 16-8　摩拜与 Wagas 达成合作

很多企业总是希望短时间可以让产品进入用户心智，使用户尽快对产品产生购买欲望，但欲速则不达。因为无论是产品定位、提炼卖点，还是开拓市场、推广品牌，都不是一朝一夕就可以完成的事，而是需要时间和经验的沉淀。因此，企业还是要一步一个脚印地夯实品牌基础，这样才能逐渐吸引更多用户。

16.4　如何让用户将消费付诸行动

一般通过众多渠道接触产品，并对产品表现出兴趣和购买欲望的用户，可以称为兴趣用户；而那些真正购买产品，将消费付诸行动的用户，则是付费用户。营销的主要目的之一就是将兴趣用户转化为付费用户。在这个转化过程中，营销漏斗起着非常重要的作用。下面以 App 营销为例对此进行详细说明。

App 的转化过程是这样的：获知 App→兴趣用户→下载用户→注册→登录→付费用户→重复付费。如果将这个过程对应到营销漏斗上，就可以产生下载转化率、注册转化率、登录转化率、使用转化率、付费转化率五个节点。企业可以找出效果比较差的节点，有针对性地设计营销方案，最终促成更多订单。

无论是用户转化，还是付费转化，对于 App 来说都非常重要，其中，用户转化是 App 的终极目标，付费转化是 App 的盈利来源。如果可以有效减少用户的流失，提高每一个节点的效率，那么将实现营销效果最优化。

在 App 的营销漏斗中，注册转化率与早期的用户转化密切相关，付费转化率则有利于闭环的形成。如果这两个节点的效率可以提升，就会让营销事半功倍。为此，大多数企业都为推广 App 做了很多努力。

1. 注册转化率

人们只有先完成注册，才有进一步成为付费用户的可能。如果企业想提高 App 的注册转化率，那么首先要找到并分析从下载到注册之间存在的问题。如今，很多人在下载 App 后不会注册，原因主要集中在两个方面：一是被动下载，二是没有使用需求。

例如，张鹏是一个 App 的付费用户，正在参与一个邀请好友获得奖励的活动——只要邀请 5 个好友下载 App（不需要注册），就可以获得相应的奖励。于是，他就向自己的 5 个好友分享了下载链接。但是，因为这 5 个好友根本没有使用需求，对这个 App 也不太感兴趣，所以并没有注册。

对于部分 App 来说，即使人们没有注册，基础功能还是可以正常使用的。因此，很多下载的用户可能就不会注册。企业如果不想办法避免这种现象，App 的注册转化率很难有大的提高。那么，企业应该怎样做呢？新用户专享优惠就是一个十分常见、也特别有效的方式。

这种方式利用获利心理，通过极具诱惑的优惠让用户产生注册行为。通常刚下载的用户不会对 App 有深入的了解，所以为了让用户的操作更简单，优惠应该设置在打开 App、进入首页的地方，如图 16-9 所示。

图 16-9　App 引导用户注册的优惠设置

图 16-9 是进入肯德基 App 首页时，自动弹出、引导用户注册的优惠设置。而且，诸如肯德基 App88 元超级新人礼这样的新人福利都特别实用、优惠，引导用户完成注册，促进注册转化率大幅度提高。

2. 付费转化率

付费转化率指的是用户在使用 App 期间的付费情况。为了让更多用户付费，获得更丰厚的盈利，商业性 App 都会设置付费环节。而且，付费用户越多，就表示 App 发展得越成功。一些比较常见的措施，如拉新、留存、促活等，目的都是进一步提高付费转化率。但在提高付费转化率方面，不同类型的 App 应该采取不同的模式。

以电商类 App 为例，其付费转化率的衡量标准是已经拍下订单且付款成功的用户数量。因此，要想提高电商类 App 的付费转化率，最好的办法就是组织活动、发放优惠。

在用户转化过程中，除了提升效率，企业还要做好分析。还以 App 为例，对于注册转化，企业首先要通过分析，总结用户不注册及流失的原因，再有针对性地制定应对措施；对于付费转化，企业首先要了解用户购买产品的原因，以及点击购买但迟迟不付费的原因，然后在此基础上提出营销方案。

同样的产品，不同的用户在同一环境下的选择会有所差别；同样的产品，相同的用户在不同环境下的选择也会有所差别，这表示，用户转化其实存在很大的不确定性。因此，企业要想促进用户转化，必须在合适的场景，对合适的用户采取合适的策略。

让兴趣用户变成有实际行动的付费用户，这是体现用户价值的关键步骤。企业应该通过适当的引导，让用户了解自己的产品是什么，产品有什么样的功能和效用，产品能够满足何种需求。总之，实现用户转化，尤其是早期用户转化对于任何企业来说都非常重要。

第 17 章
将市场细分，要么做第一，要么做唯一

　　在当下技术高度发达的新消费时代，产品的重要性已经不言而喻。而那些专攻产品的企业，必须重视市场细分，并恪守一个原则——要么做第一，要么做唯一，决不做之一，该原则也是很多营销专家经常强调的。

17.1　为什么你必须进行市场细分

从现阶段看，市场的整体格局已经形成，接下来就应该是针对各细分领域的"抢夺战"。我国有众多的人口和巨大的市场，在这样的背景下，每一个细分领域都存在大量机会。因此，有条件、有头脑的企业一定会想方设法进行市场细分，成为细分领域的第一。

例如，一家开办健身房的企业，现在市场上的健身房大同小异，但如果将健身房定位为只为产后女性提供身材修复服务，差异化就可以立刻显现。健身是消费升级的产物，一个人在追求健康、追求好身材，并有空闲时间的情况下会有非常强烈的健身需求。而与健身不同的是，产后身材修复是产后女性一个极大的痛点，而且发现这个细分领域的人也非常少。

再如，一家做咨询的企业，现在涉足这个领域的人非常多，但如果只为大型机构提供咨询服务，就会变得与其他企业不一样，这也是一种非常典型的差异化。由此可见，市场细分的本质不是将产品做到最好，而是要制造不同。这里所说的制造不同是从尚未被充分挖掘的领域入手，打造一个新概念，吸引那些追求个性、有独特需求的用户。

在进行市场细分的过程中，用户认知高于一切。经常有企业向用户传达这样的信息：我的产品非常好，我的实力特别强。但绝大部分企业可能没有认真考虑过，用户是否认同和支持这种想法。

对于市场细分，不少企业存在一个误区：认为现在的竞争太过激烈，要做成这件事情非常困难。实际上，这些企业之所以会这样想，主要是因为没有深刻理解市场细分。在这些企业看来，要通过市场细分打造差异化，就必须做出独一无二的产品。

现在市场上的很多产品都比较同质化，难以找出根本上的不同。而且，经过这几年的探索，笔者也逐渐发现，过度关注产品的企业，大多数都没能把产品卖得特别好。因为当下的实际情况是，渠道和社交媒体两座"大山"横亘在产品面前。首先，无论产品有多好，如果企业无法抢占渠道，也无济于事；其次，如果企业不懂得传播和推广，没有充分利用社交媒体，那么产品也很难销售出去。

也就是说，除了把产品打磨好，企业也要将上述两座"大山"摆平。当然，企业也要在用户体验上多下功夫，研究显示，用户对产品的认知在很大程度上受到服务质量的影响。例如，当你到一家餐厅吃饭时，如果服务员态度特别恶劣，那么你对菜品的感觉可能也不会太好。

这里就涉及市场细分的另一个本质——提供更优质的服务。之前，用户是被动的一方，能买到什么样的产品由企业决定。而现在，用户追求更高级别的服务，市场细分更有利于抓住用户的特点，为用户提供更有针对性、更优质的服务。如果企业可以提升服务质量，让用户的购买过程成为连接用户、体现服务品质的载体，那么产品和品牌将登上一个更高的台阶。

17.2 市场细分的核心是提炼差异化价值

有些专家认为，竞争的本质是用户心智的竞争，企业之所以要做市场细分、聚焦品类，就是想让产品率先抢占用户心智。例如，新闻牙膏在市场细分方面就做得很不错，如今已经成为竹炭黑牙膏领域的佼佼者，它巧妙地用档次、特色及差异化，吸引用户广泛的关注。

经过多年发展，目前新闻牙膏的市场状况越来越好。那么，它是如何进行市场细分，提炼差异化价值的呢？主要包括以下几个要点：

1. 渠道直采模式

传统的商超日化品采购模式为"厂家—代理商（经销商）—零售商"，而新闻牙膏采取"厂家—零售商"的直采模式，减少了代理商这一中间流通环节，相应地减少了加价环节，使供货成本降到最低，从而形成比较明显的价格优势，不断吸引客流。

2. 建立网络营销平台

新闻牙膏建立了广州千佰美日化用品有限公司 OEM 生产基地和以深圳澎柏生物为核心的营销及服务中心，还建立了网络营销平台，并将网络营销平台作为关键项目进行重点运作，同时还开创"网络连锁加盟店＋地面连锁加盟店＋终端渠道"的三位一体互动经营的营销模式。

3. 细分品类，找差异化

当很多日化品企业还在通过"复制＋粘贴"的策略运营品牌与产品时，新闻牙膏已经进行市场细分，提出竹炭黑牙膏概念了。新闻是竹炭黑牙膏的缔造者，也是我国竹炭黑牙膏品牌的打造者，它用"我越黑，你越白"六个字进行差异化品牌宣传，为自己开创一片新的市场空间。

随着环保理念深入人心，新闻牙膏凭借天然、环保、时尚、无污染等特点，受到许多追求环保的时尚群体的追捧。新闻牙膏不断打造竹炭系列产品，并将环保理念不断深化，吸引大众的关注，形成与其他同类品牌不同的特点。

4. 差异化营销策略

新闻竹炭黑牙膏作为新闻牙膏的主打产品，其差异化特点也为新闻牙膏成为品类第一提供了重要推动力。那么，新闻竹炭黑牙膏的差异化特点是什么？

首先，新闻竹炭黑牙膏中含有的活性 C 离子具有天然吸附功能，相比传统牙膏，它具有更强的吸附效果，更天然、无刺激。

其次，每款新闻竹炭黑牙膏都有一个核心卖点，例如，牙亮白竹炭黑牙膏的核心卖点是清渍洁白、竹炭盐牙膏主打消除牙菌斑等。相比其他牙膏，新闻竹炭黑牙膏将这些功效需求实现得更精准，消费者也更容易接受。

最后，新闻竹炭黑牙膏细分了消费群体，针对目前存在的老人牙膏、儿童牙膏、孕妇牙膏等产品为不同的群体打造不同的牙膏，满足这些群体的个性化消费需求。

新闻牙膏起步于口腔，成长于竹炭黑牙膏这个细分品类，逐渐发展成名副其实的口腔护理领域的新锐，迅速崛起为竹炭产业化、技术领先化的领导品牌，并通过差异化成为品类第一。

现在很多品牌都十分关注市场细分。例如，九牧王聚焦商务场景，由男裤这个细分领域切入，是商务男裤市场的佼佼者；妙可蓝多瞄准乳制品行业的奶酪市场，致力于打造适合中国儿童的奶酪产品，有很高的品牌辨识度；波司登聚焦羽绒服这个品类，牢牢地占据羽绒服市场的优势地位。而这些企业的市场细分策略值得我们分析和研究，以从中学习品牌管理之道。

17.3 品牌洞察是市场细分必不可少的环节

品牌洞察指用科学的方法，对市场情况、现状及其发展趋势进行搜集、记录、整理和分析，从而为企业的决策者制定发展策略提供客观、正确的依据。品牌洞察是每个企业在推出系列产品或进行市场细分时不可忽视的重要环节。

吉列曾经推出一款面向妇女的专用刮毛刀——雏菊刮毛刀，这个决策看似荒谬，却让吉列一炮打响，该产品也迅速畅销全球，如图 17-1 所示。

吉列的成功来自品牌洞察的结果。在产品推出前，吉列花费一年多时间进行详细的品牌洞察，发现美国 30 岁以上的妇女中大约 65％的人要定期刮除腿毛和腋毛以保持形象。而这些妇女除了使用脱毛剂，还需要花费很多钱用以购买各种男式刮胡

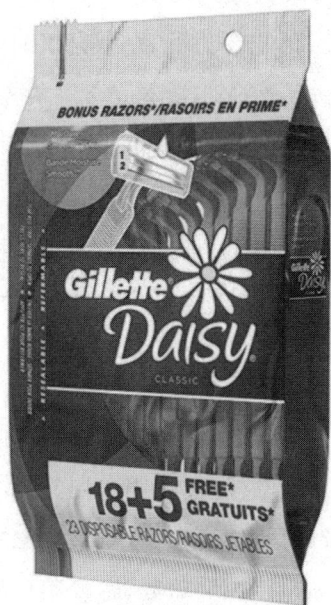

图 17-1　吉列推出的雏菊刮毛刀

刀，这个费用要高于她们每年花费在眉笔、眼影、染发剂、护肤品上的钱。

吉列抓住这个机会，开辟了女性刮毛刀这个细分市场。在设计雏菊刮毛刀时，吉列根据女性的特征采用女性喜爱的鲜明颜色，在包装上印上雏菊，并将握柄改为利于女性使用的弧形。而且，吉利在进行产品宣传时还突出产品的特点，对女性进行有针对性的宣传，宣传关键词包括双刀刮毛、完全适合女性需求、价格不到 50 美分、不伤美腿等。

吉列因此一炮而红，这个案例充分说明企业进行品牌洞察的重要意义。企业只有充分认识市场，深刻了解用户需求，才能更好地进行决策，推动品

牌传播。

那么，企业应该如何进行品牌洞察呢？关键点如图17-2所示。

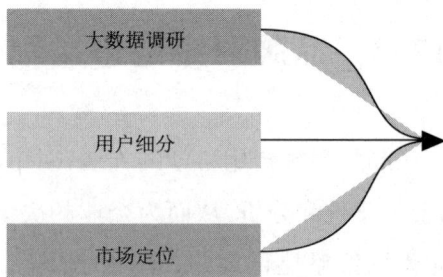

图17-2　品牌洞察的关键点

1. 大数据调研

企业在进行品牌洞察时，对数据进行调研非常有必要。在数据时代，有大量的数据供企业选择，数据的来源也非常丰富。企业可以自己调研、收集数据，也可借用前人的调研数据，如网页上有各种类型的数据和权威的专业数据，这些数据有真有假，需要先对这些数据进行整理与分析，为接下来的品牌洞察做好准备。

2. 用户细分

用户细分是企业选择目标市场的前提，简单来说，用户细分需要企业按照一定的标准，将用户划分成不同类型的群体，从而能让自己对用户进行更有针对性的管理。通过对产品、品牌、服务等多方面的设计，企业可以更好地满足用户的需要，激发用户的购买欲望。

3. 市场定位

市场定位是品牌洞察的第三个关键点，也是其中最重要的一点。市场定位主要是指产品和品牌在目标群体心中的地位，它能够让企业在进行产品设计与资金投入时更好地做决策，为之后的营销工作奠定基础。

企业可以将大数据调研和用户细分作为基础，对产品进行市场定位，最后再对产品与品牌做出调整，使品牌具有独特的优势。

正所谓"一着不慎，满盘皆输"，企业在进行品牌洞察时一定要认真、细致，不能忽视任何一个环节，更不可以追求速成。

第 18 章
打造自媒体, 低成本实现品牌传播

　　市场竞争越来越激烈, 企业如果跟不上潮流, 就很可能被无情地抛弃。一些企业在电商处于红利期时保持观望; 在新零售处于红利期时保持观望; 在直播带货处于红利期时, 仍然保持观望。试问, 这样的企业可以分到多少"蛋糕"呢? 答案可想而知。

　　现在是自媒体释放红利的时期, 然而, 有些企业因为从来没有涉足自媒体领域, 便主观地认为自媒体不靠谱, 这种想法未免过于武断。而且, 同道大叔、吴晓波、李子柒等自媒体的走红, 足以说明自媒体发展势头之足、发展前景之广阔。

18.1　掌握打造自媒体的方法

很多人觉得，企业无法与自媒体的内容价值融合在一起。然而，星巴克等国际知名企业都与自媒体结下非常深厚的缘分。无论面对什么红利，总有优柔寡断的企业，这其实无可厚非。因为这些企业比较传统，难以接受新兴事物，喜欢固守原有的业务流、供销渠道、供应商、销售商。

对于上述企业来说，新兴事物不会成为投资重点。这些企业只有看到货真价实的成功案例才会小心翼翼地跟上，但与前期尝试相比，跟上潮流要付出更多的金钱、精力、人力、物力等。在自媒体成为潮流的当下，如果企业建立自媒体，内容、用户、流量都会源源不断涌现。

通过自媒体，企业还可以为核心人物打造个人设定。例如，格力就为董明珠打造了董明珠自媒体，定期在微信公众号、微博、今日头条等平台上发布与董明珠相关的内容，包括她参加的社会活动，对网红经济、直播带货等时下热点的看法，她的日常生活照片等。董明珠自媒体自上线以来，就成为连接格力、董明珠与大众的重要纽带，不仅使董明珠的个人形象更丰满、更接地气，还带动了格力品牌的传播。

如果企业想让品牌被更多用户知道，就绝对不能错过自媒体这波红利。例如，姜老刀（原名姜轩）就抓住自媒体的红利，打造了日食记这个自媒体，获得千万粉丝的关注。那么，在快节奏的自媒体时代，日食记是如何做好自媒体运营的？

首先，日食记以美食、猫、生活为视频的主题，采取了"治愈式"的内容策略。视频大多以生活场景作为开头，如缓缓驶过的列车、屋檐下随风摆动的风铃、慵懒的猫咪等。与此同时，伴随着舒缓的音乐，姜老刀开始菜品制作。

从准备食材到菜品完成，姜老刀的每一个动作都十分优雅，再加上简约、复古的厨具与精致的摆盘，整个做饭过程十分赏心悦目。在姜老刀做饭的过程中，猫咪也会不时地在镜头前卖萌，使视频生动、有趣。

其次，在视频的最后，通常会出现点睛的文案。例如，"能使被深藏的心灵复苏的，无非春天的一缕阳光，或一碗热汤"等。姜老刀通过视频叙述与美食相关的温情故事，不仅能够引发人们的共鸣，还能让人们感受温暖、治愈。

最后，不同于其他美食视频，姜老刀主要展现的不仅是如何制作美食，更是展现一种洒脱、自在的生活方式。日食记中的一人、一猫、独特的logo、视频中的艺术文字、与视频搭配得恰到好处的音乐、情感张弛有度的文案、柔和的画面、精致的美食等都带给人们美的感受。在这种情况下，人们观看视频的重心已经从美食延伸到对这种生活的向往，也正是因为如此，日食记才可以吸引大批文艺青年的关注。

为了获得盈利，日食记制定了线下体验店计划，同时，其天猫旗舰店及微信小程序也已经上线。此外，日食记还推出了咖啡酱、速食面条、冷萃咖啡、空气炸锅等产品，打造了系统的产品体系，发展多元化商业获利方式，使整个团队获得了很好的发展。

自媒体究其本质，无疑是一种营销行为，而且最终都要转化获利。有了自媒体，品牌、产品、创始人、团队、用户等可以很好地结合在一起，帮助企业以更快的速度了解用户，对用户的痛点和需求做出积极、有效的回应。当然，企业也可以借此创造新策略、新玩法。

18.2　有了自媒体，你要如何运营

随着自媒体领域越来越成熟，很多企业都看到了自媒体背后的经济价值和营销价值。这些企业希望通过建立自媒体赚个盆满钵满，这样的想法是好的，但成功的只有一小部分。如果企业真的想通过自媒体获得盈利，就要掌握一些自媒体运营策略。

1. 企业要做好内容的策划与打磨，毕竟内容才是王道

自媒体的火爆为企业带来新机会，但内容的泛滥也是一个真实存在的问题。在这样的局面下，低质量、没营养的内容已经不再具有吸引力。因此，企业要做好内容策划与打磨。通常带有趣味和个性的内容更容易获得用户喜爱，例如，papi 酱输出的内容。

papi 酱曾经以自己特有的表演天赋和媒体资源在互联网走红，赢得了一大批人的喜爱。她之所以可以取得如此亮眼的成绩，主要就是因为输出了高质量内容。现在很多年轻人都具有"探寻人生真理"的需求，papi 酱的内容正好能够满足这个需求，于是便顺理成章地成为追求个性、彰显自我的典范。

papi 酱曾经创作过男性生存法则系列的内容，点击率非常高，十分受欢迎。在《男默女泪》一期中，papi 酱站在女性角度，对女性与男性之间的不同点和矛盾点展开有趣、精准的评论。虽然她讲的都是一些十分常见的现象，但表达了很多女性的心声，引起人们的共鸣。

papi 酱喜欢使用犀利、直接的言辞，却不令人生畏，反而能带来一些意想不到的笑点，再加上她本身就有表演基础，所以经常使人开怀大笑。借助充满个性和趣味的内容，papi 酱表达出社会上一大批人的心声，获得了这

批人的支持和喜爱。

无论内容还是人物，papi 酱一直都崇尚个性。于是，一大批同样崇尚个性的人们开始加入她的阵营，成为她的朋友。在 papi 酱的视频里，大家可以看到她对生活的深刻理解、对幽默的尽力诠释、对专注的不断坚持，这是她的做法，更是她的原则。

在内容策划与打磨方面，papi 酱认真且用心。她也为大家提供一些非常不错的思路，有助于大家输出更优质的内容。当然，并非所有带有趣味和个性的内容都会成为典范，但对于想入局自媒体的企业来说，做好内容一定是重中之重。

2. 企业要培养对内容趋势的敏感度

在经济不断发展的时代，人们的生活节奏越来越快，短小、精悍的内容无疑满足了大众化需求。为了提升吸引力，自媒体希望可以在短时间内提供高强度、高价值的内容。然而，任何事物都有可能产生变化，也许今天被极力追捧的内容，到了明天已经无人问津。

在进行自媒体运营的过程中，企业要培养对内容趋势的敏感度。未来，垂直类内容会获得更多青睐。例如，医学、母婴、财经、访谈、技能等专业性比较强的领域。罐头视频是一个以技能类内容为主的自媒体，因兼具实用性和趣味性而深受人们的欢迎。

创始人刘娅楠平时非常喜欢研究一些能够使生活变得更高效的技能，而随着创业想法的产生，她最终将这份爱好变成工作。通过观看罐头视频，人们可以学习很多日常生活中的实用技能，如图 18-1 所示。

成立不到一个月，罐头视频就拿到超百万的天使轮融资，吸引很多关注。一个自媒体之所以可以取得如此显著的成绩，与以下几点有着密不可分的联系，如图 18-2 所示。

图 18-1　罐头视频

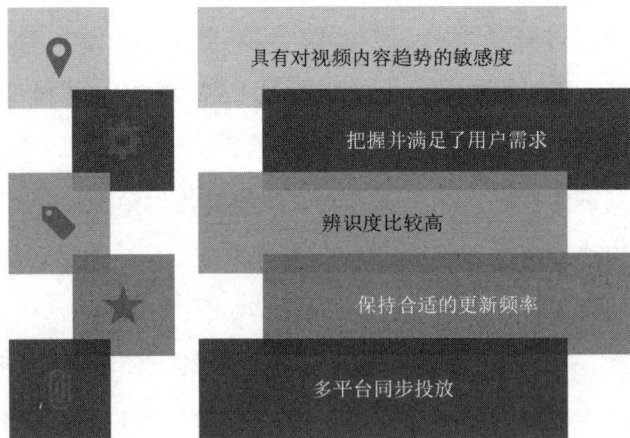

具有对视频内容趋势的敏感度

把握并满足了用户需求

辨识度比较高

保持合适的更新频率

多平台同步投放

图 18-2　罐头视频如何取得如此显著的成绩

（1）具有对视频内容趋势的敏感度。技能类内容容易获得资本的青睐，而且缺乏坚不可摧的头部自媒体，市场潜力巨大。罐头视频正是看中这一点，再加上刘娅楠本身就喜欢研究一些日常生活中的技能，所以拥有比较良好的发展条件。

（2）把握并满足了用户需求。罐头视频的用户集中在 18～30 岁，多是一些接受过良好教育的年轻女性用户，这些用户对日常生活的品质有比较高的追求，愿意为此付出行动。

（3）辨识度比较高。罐头视频之所以能够从众多自媒体中脱颖而出，是因为其具有比较高的辨识度。与明星一样，自媒体的辨识度高就更容易被人们记住。不同于其他同类自媒体，罐头视频以快节奏的方式，形成异常鲜明的风格。

（4）保持合适的更新频率。罐头视频细分为五个栏目，分别是美食、手工、社交、宠物、男性。因为每条视频的时长都比较短，所以便于经常更新，让用户养成定时观看的习惯，从而增强用户黏性，避免用户大规模流失。

（5）多平台同步投放。为了提高视频的播放量，提升自己的影响力，罐头视频将着力点放到多个平台，进行多平台同步投放，这样有利于扩大传播范围，帮助罐头视频吸引不同平台的用户，从而实现用户结构的系统化和全面化。

优质内容和前瞻性是运营自媒体必须关注的重点，企业要想长久地发展，就要能够把握现在、洞察未来，不忽略任何一个细节。

18.3　每个自媒体都要学会正确蹭热点

对于任何类型的自媒体，热点都是很重要的创作素材。谁紧抓热点，谁就能获得流量，与热点相关的内容总是可以吸引更多关注。以我国发射神舟十三号载人飞船为例，大家的注意力都在这个事件上，与之相关的内容铺天盖地。如果哪个自媒体在这时推送一个养生视频，那么无论这个视频有多好，可能也会石沉大海。

所以，我们要学会巧妙使用热点。但是，随着内容同质化的不断加重，只使用热点已经远远不够，还要在此基础上进行创新。例如，艾克里里是一个比较知名的视频自媒体，微博粉丝已经将近 1 000 万人，他的走红就与热点有千丝万缕的联系。网上曾经掀起一股"小学生化妆大赛"的风潮，艾克里里抓住机会，发布了一个模仿小学生化妆的视频，一夜爆红。

他的爆红虽然有热点的助力，但也不局限于此，因为他在使用热点的基础上还进行了创新。在一系列"小学生化妆大赛"的视频中，化妆工具都比较常规，艾克里里却反其道而行，用马克笔在自己的脸上涂涂画画，这样安排不仅让观看的人忍俊不禁，也进一步深化了艾克里里的形象。

通过对热点进行创新，艾克里里被更多人知晓，并打造了"自黑""自毁""搞笑"的人设。而且，在之后的视频中，他依旧使用马克笔等与众不同的化妆工具打造夸张的妆容，他的"自黑"标签也逐渐深化。

艾克里里虽然喜欢自黑，但并不是毫无章法可循。实际上，他在走红之前，就已经在时尚圈摸爬滚打很多年，对时尚有比较深刻的见解。如果仔细观看他的视频就可以发现，他脸上的妆不是随意乱画的，很多灵感都源于国际名模。

可以说，艾克里里是在结合已有时尚知识的基础上，用一种比较夸张的做法表现自己的时尚心得。正所谓"爱美之心，人皆有之"，美妆类内容已经受到越来越多人的青睐。为了在美妆领域脱颖而出，艾克里里走出一条极具个性化的道路，他通过打造"丑妆"的方式，让人们知道，丑有各种各样的表现形式，美同样也不是千篇一律的。

从表面来看，艾克里里给自己化的妆确实不符合主流审美，但他利用视频，向人们展现了自己的真实、不做作，以及积极向上的生活态度。在感受他的努力后，人们愿意接受他，并成为他的粉丝。

目前很多自媒体都在忙着利用热点引起大家的关注，有些甚至已经到了无下限的地步，其实这是不明智的做法，因为当热点被频繁使用后，人们会审美疲劳。在这种情况下，企业就需要对热点进行深入挖掘，总结热点背后隐藏的"干货"。而且，即使热点的风潮已经过去，但这件事对人们造成的影响仍会持续一段时间。因此，企业要充分利用这段后续影响期开发热点周边事件，为品牌实现二次引流。

虽然结合热点打造自媒体会给企业带来很多好处，但企业也要选择合适的热点"蹭"。如果热点与产品和品牌的相关度不高，或者企业将二者结合得不恰当，就会让消费者认为这是在蹭热度，反而不利于品牌宣传和产品销售。

18.4　合格的自媒体都会做内容营销

对内容营销有了解的自媒体都认为自媒体利用得当能促进品牌传播，而且准入门槛儿低，这也是企业投身其中的重要原因。随着入局的企业越来越多，以及用户要求的不断提高，内容营销的门槛儿已经比之前提高很多。企业只靠一些没有营养的文章和视频在自媒体行业难以立足，只有制作精良的内容才可以俘获用户的芳心，帮助企业成为自媒体之战的胜利者。

在内容营销领域，自媒体之间的竞争越来越激烈，从以前简单的文字和配图到现在制作精良的小视频，映射出的是门槛儿的不断提高，这对想做自媒体的企业提出更高要求，即必须生产更有趣、更优质的内容才可以吸引大众。

内容营销的效果在很大程度上取决于内容本身的质量。如果你打开一篇微信公众号文章，发现里面除了广告，只有一些毫无益处的内容，此时你一定会取消关注。内容营销要达到预期效果就必然要求内容具有商业价值，要能为用户带去"干货"。

知名啤酒品牌哈啤曾经在快手进行为期 5 天的营销活动。

首先，哈啤挑选出施佳宁、嘻哈超、鑫哥、尚热门、小来哥 5 个拥有强大粉丝基础的 KOL；

其次，根据他们的自身特点制作与产品相契合的内容；

最后，以原生广告的形式在快手进行大规模投放。

从表面上看，上述 5 个 KOL 的风格并不相同，但他们的粉丝大都来自东北地区，与哈啤的区域性策略高度契合，更重要的是，他们的风格也与哈啤的品牌定位十分搭配。以哈啤在快手发布的《就是要燥》（该视频的主角是嘻哈超）为例，嘻哈超作为一个凭借街舞走红的 KOL，将哈啤与拉盖动作完美地融入自己的街舞中。

KOL 身怀"绝技"，而且有非常强大的粉丝基础，很容易带动产品的传播和销售。相关数据显示，哈啤的此次营销活动取得非常不错的效果，视频总播放量达到 2 111 万次，吸引 932.6 万人的关注和参与，获得近 1 000 个二次创作视频。

毋庸置疑，每个人都会对发生在自己身边的事感兴趣，而哈啤就是利用了这一点，通过有明显地域性及强大影响力的 KOL，促进产品的推广和宣传。当然，这也从一个侧面表现出，哈啤确实对内容营销进行了深入了解和研究。

通过 KOL 与粉丝的深度互动及优质视频的持续输出，哈啤与自己的目标人群建立了非常紧密的联系，同时还赢得了一大批快手用户的青睐。哈啤的营销活动有新意、有创意，先通过 5 个 KOL 引爆快手，再利用优质内容跟进，突破圈层，力求对更多用户产生影响。

像哈啤这样深层次地挖掘内容，注重内容输出和用户需求，才是做好内容营销的不二法门。企业要对内容进行挖掘，实现内容的独创性和原创性，在内容中给予用户在其他自媒体不能得到的"干货"。当然，内容也需要贴近用户，与多样化的话题相结合，用全方位的视角满足用户需求，帮助企业取得更好的发展。